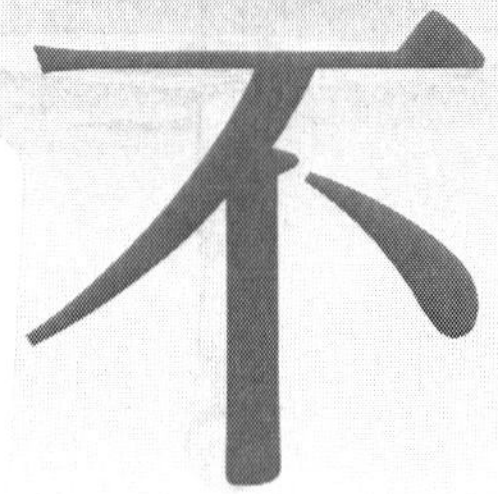

不糾禪

dhyāna

生活中的痛苦不是神的安排，而是自我的無明造成的；
生命中的幸福也不是神的恩賜，而是自己的智慧創造的。

想快樂，必須先學會不執著
要幸福，必須先懂得放開手

杜昱青 著

目錄

不糾禪

目錄

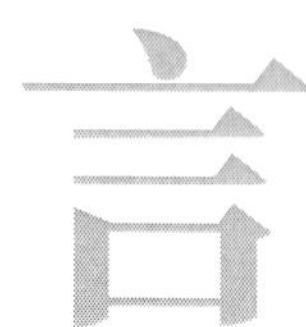

前言

現代人讀書、工作、生活的壓力越來越大，人們的心理承受能力卻越來越脆弱。諸多複雜的人際關係、管理事務、善惡之事，使很多人就好像迷失的羔羊，不知如何面塵世紛爭，而難免怨天尤人。這也讓本書的年輕和尚釋然不明白，世人擁有那麼多，為何還總是不快樂？為何還總是想求助於佛祖呢？實際上，生活中的痛苦不是神的安排，而是人們自我的無明或愚昧造成的；生命中的幸福也不是神的恩賜，而是自己的智慧創造的。痛苦由煩惱產生，煩惱由執著產生，執著由愚昧產生。愚昧、無明，才是一切痛苦的根源。

如果人們都用自己的認知去評論世事，那事事都將變得不完美；如果人們都用自我的心胸去度人，那人人都存在著不足。我們的眼睛就是一把量尺，在測度別人前，要先檢查自己；我們的心胸就是一桿秤，在衡斷別人前，也要先稱量自己。

有些人以為，佛祖掌握著真理，只有進廟燒香才能求得做人的方向；事實上，生活中到處充滿著禪意佛理，所謂「神通及妙用，運水與搬柴」，只要全身心的投入，隨時都可以領悟、到處都可以實證。只是人們太自以為是或者故步自封，反而忽略了本身的精緻體驗，即「百姓日用而不知」。

一個人如果能在現實工作與生活中運用禪的方法，就能化解生活的各種困惑、煩惱和心理障礙，使得人際關係更和諧，家庭更和睦，工作更順暢；同時，精神更充實，道德更圓滿，心靈更純潔。

釋然也曾和大多數人一樣，認為禪機是玄妙的東西，但是他漸漸發現，只要擁有一顆禪心，看待事物的眼光就能如佛祖一樣，充滿智慧。

人物簡介

釋然

一個剛剛年滿十八歲的和尚，他勤奮、努力，對世間萬物都常懷一顆善心，基本屬於愚鈍木訥的簡單之人，但偶爾也會顯現沾滿孩子氣的小心眼。十年前，師父在街頭發現了孤苦無依的他，才把這個無人收養的孩子接回廟中。光陰荏苒，釋然也逐漸長大成人。在他面前，佛法的高深之處正依次展開，而相對的煩惱也隨之襲來。釋然，正在學著如何修行自我，學著如何才能成長為像師父一樣的高僧大德。

戒塵

廣緣寺方丈，釋然的入教恩師，全體師兄弟心目中最具有智慧的人，同時師父也是他們從來都捉摸不透的人。釋然聽戒嚴師叔講，師父年輕的時候，曾經雲遊四方，遍學天下佛法。戒嚴師叔還說，師父以前並不是一個好和尚，他還說師父選擇廣緣寺落腳有著不可明說的原因。但不管怎麼說，在釋然看來，師父永遠都是一個好師父，儘管師父有時也很嚴厲，釋然還是願意跟隨著師父勤修佛法，因為師父是釋然心中的最值得相信的人，也是像父親一樣慈愛的領路人。

戒嚴

戒嚴是師父戒塵的同門師弟，是寺裡面權利第二大的人；同時，戒嚴師叔還是掌管全寺伙食的大廚，只要有戒嚴師叔在，就不愁吃不上好東西。還有，除了掌管伙食以外，戒嚴師叔還掌管著全寺僧人頭髮的「生殺」大權。只是他的技術卻一般般，因此理髮成了除了師父外，每個人的「噩夢」。如果說要評選出廣緣寺最不遵守規矩的和尚，那非戒嚴師叔莫屬了，因為他從來不遵守寺廟裡的規矩，甚至還帶著釋然一起破壞規矩，這讓師父頭痛不已，但師叔好像從來沒有把這當成一回事。

釋恩

釋然真正的大師兄，同時他也是師父和師叔最得力的助手。在師父和師叔不

在的日子裡面，釋恩師兄能夠操持起寺院裡的一切日常事務。如果讓釋然選一個師父的接班人，釋然也毫無疑問的認為，釋恩師兄絕對是最佳人選。儘管釋果師兄經常和釋恩師兄唱反調，但每一次，釋果師兄都會乖乖的認輸，然後接受懲罰。釋然不討厭釋恩師兄，只要他每天早晨不扯開嗓子叫嚷自己起床。但這也是釋然唯一無法實現的心願。

釋果

釋果本該是排行第二的師兄，但在釋然和釋行面前，他總是喜歡讓他們稱自己為大師兄，而且還總是愛做一些惡作劇。尤其師父和師叔都不在場的時候，釋果師兄就會命令釋然和釋行兩個人都要聽他的指揮。然而絕大多數時間，釋果師兄還是會和眾多的師兄弟們一起勤習功課的，只是這要除掉他自己受罰的時候。廣緣寺所有弱小師弟中，只有愛睡覺的釋界從來沒有把他釋果放在眼裡。

釋行

寺院裡最小的師弟，所以在釋行面前，釋然也可以光明正大的充當起師兄的角色。釋行年幼，對什麼事情都充滿著好奇心，有時候也會因此而讓釋然煩惱不已，因為他總有許多問題問釋然，讓釋然恨不得自己能夠變成一本《十萬個為什麼》。

釋界

廣緣寺裡的一隻貓。所有僧眾中，釋界最不討釋果師兄的喜歡，因為牠睡覺的打呼聲總是讓他難以入定。值得一提的是，或許因為浸受了太多的佛堂氣息，釋界似乎改掉了嗜腥貪葷的血腥本性，安心素食，並且不管寺院發生什麼大事，牠都依然能夠保持安之若素的心態，繼續呼呼大睡。

王二

山下小鎮的商店老闆。王二身上的惡習很多，他喝酒、抽菸、說髒話……每次見面，都會毫無顧忌的在釋然光溜溜的腦袋上摸來摸去，而對於佛祖他倒是真心的尊重、充滿由衷的敬畏。用他自己的話說就是：對自己不明白的事情多一份尊敬之心，總是沒有錯的。這也讓釋然對他另眼相看。更關鍵的一點是，王二總

會時不時給寺內僧眾送來一些小禮物，這讓釋然覺得尷尬的同時，心裡面還隱隱發癢。

李三

釋然最喜歡的一個香客。他對釋然好，對釋界也好，似乎在李三的身上找不到任何不好的地方，但王二卻常常說李三的壞話。儘管釋然並不相信王二的話，而是細聽起來，似乎還有那麼一些道理。這讓釋然有些迷茫。

劉大娘

劉大娘是廣緣寺中最虔誠的香客，也是釋然期盼天天都能見到的人。每次劉大娘來，都會給這些過慣了清苦日子的小和尚們帶來一些新鮮的水果。天冷的時候，劉大娘還細心的給每個人親手納上一雙棉鞋墊。所以，釋然認為劉大娘是普天下最好的大娘，他也希望劉大娘身體一直都健健康康，好讓每個人都能看到她那慈祥的笑容並得到溫暖的關愛。

不糾禪

一碗水代表什麼

寒冬臘月的夜晚，廣緣寺的僧人早早便鑽進了溫暖的被窩。就在釋然睡得正香時，「咚咚咚」寺院的大門被人敲得震天響。

「是誰呀?這麼晚還上山來。」釋果揉著惺忪的睡眼，不滿意的問道，「釋然，你快去看看。」接著，釋果又命令道。

這麼冷的夜晚從被窩裡爬出來，可不是一件容易的事情，釋然自然不情願，可一想到，自己不去萬一驚擾了師父，那可就不妙了。於是連忙起身，披上劉大娘新送來的棉衣，正準備穿上襪子，「咚咚咚……」敲門聲又響了起來。

「什麼聲音?」這下連平時一睡下，就雷打不動的釋行也給吵醒了。釋然也顧不得穿襪子了，只好穿上鞋就跑出了禪房。

打開寺院的大門，還沒來得及看來者是誰，釋然就聞到了一股濃重的酒味。「是我呀，王二。」王二一看開了門，連忙氣喘吁吁的報上名來。

釋然定睛一看，可不就是王二，他平日裡愛喝酒也就算了，怎麼還能大晚上的來寺院裡打擾呢？釋然心裡忽然升起一股厭惡之情。但是既然來了，豈有攆走他們之理，釋然只好讓他先進來。

結果王二前腳進來，後腳還跟了一個人。借著月色，釋然看到這個人比王二微矮，肚子大大的，整個人在月色的襯托下，活像個冬瓜。

王二似乎感到了釋然的遲疑，結結巴巴的說：「小……小師父，這個是我生意上的合作夥伴，賈老闆。他聽說師父懂得很多禪宗的道理，所以特地來求見。」

「現已深夜，師父早就休息了。」釋然打著佛號回答說，心裡卻想著：怎麼把他們攆走，不要打擾了師父休息才好。

「我……我懷著一顆虔誠的心來給菩薩進香，你們身為出家人，豈……豈有不見之理？」半晌沒說話的賈老闆開口了，還伴隨著身子一晃一晃的，從他嘴裡冒出來的酒氣，嗆得釋然忍不住咳嗽了兩聲。

就在釋然想著怎樣把他們勸走時，身後傳來了師父的聲音：「兩位施主夜裡上山進香，實屬不易。今晚就先在寺裡住下，有什麼事明天再說吧。釋然，你去給兩位施主收拾間禪房出來。」

釋然心裡暗暗叫苦，卻不得不向那間平日裡都不怎麼住人的禪房走去。後面傳來

王二的聲音：「師父，您一定要跟佛祖他老人家說一聲，今天賈老闆喝多了，非要上山來進香，我怎麼勸都勸不住，只好……您看我們這一身的傷，一路上可沒少摔跤呀……」

「二位施主辛苦，路途勞累，早些休息吧。」師父並沒有直接應承王二的話，而是一邊說著話，一邊引領著他們走在釋然後面。

豈料那位賈老闆一進禪房，就對著王二叫嚷起來：「好你個王二，我說心煩，你說帶我到一個清淨的地方，找人開導我，原來就帶我來到這麼一個破地方。」

這話釋然聽起來格外刺耳，他從小生活在廣緣寺，這裡就像他的家一樣，他從未覺得哪裡破，前來進香的香客們，也從未說過廣緣寺破。賈老闆這一句話，把早已經被吵醒的其他師兄弟也引來了，大家臉上都有憤憤不平之色。

「原來這位施主有煩心事。反正貧僧也睡不著，那就陪你聊聊吧。」師父不但沒有生氣，還和顏悅色的說道。

「師父，這都……」釋然想提醒師父時間已經很晚了。可是卻被師父搖搖手給打斷了，「你去燒點熱水過來。」接著師父又吩咐道。

釋然硬生生把後面的話吞進了肚子裡，瞪了一眼賈老闆和王二，向伙房走去。等

一碗水代表什麼

釋然回來時，師父和賈老闆已經盤坐在蒲團上了，面前的桌子上擺著一個瓷碗，一條活靈活現的紅鯉魚躍然碗底。

釋然將熱水壺遞給師父，師父緩緩的倒進瓷碗中，然後問賈老闆：「施主，請問您在水中看到了什麼？」

賈老闆伸頭看了看，說：「一條紅色的鯉魚。」

師父聽了，又拿起身邊放著的墨，倒進了瓷碗中，看著清水被染黑，釋然不禁心疼起那個瓷碗來，據說那個瓷碗是寺裡為數不多的值錢物品，這要是被墨汁弄髒了，那可就太可惜了。

「施主，請問您在水中看到了什麼？」師父再次問了同樣的問題。

賈老闆再次向前探了探身子，左看看右看看，最後搖搖頭說：「什麼也看不見了。」說完，他望向師父，向師父尋求答案。

「您知道這碗水代表什麼嗎？」師父又問道。

「代表什麼？水就是水，還能代表什麼？」賈老闆被師父問得一頭霧水。

師父聽後，看著賈老闆意味深長的笑了笑，說：「等施主什麼時候明白這碗水代表了什麼，煩惱自會煙消雲散。」說完，師父就離開了。

「這碗水到底代表什麼呀？」賈老闆又問向釋然，釋然雙手合十念了聲法號後，對賈老闆說：「這還需施主自己想通才是。」說完，釋然也跟著眾師兄弟離開了。隱約間，釋然似乎聽到賈老闆又把同樣的問題問向了王二，他不禁苦笑著搖了搖頭。

「釋然師兄，師父到底什麼意思呀？」釋行跟在釋然旁邊問。

這個小師弟，平時學習起來就馬馬虎虎，釋然決定戲弄他一下，「這個問題呀，你就不用考慮了，因為你呀，就沒有長。」說完，釋然用手指戳了戳釋行的心口窩。

「沒有長？我沒長什麼呀？」釋行在身後糾纏不清的追問起來。

看來今晚沒辦法睡個安穩覺了，釋然有些懊悔的想。

王二的賠罪

師父敲第二遍木魚的時候，釋然已經坐在佛堂裡準備做早課了，不是他今天起得格外早，而是基本一個晚上都沒睡好。先是大半夜被吵醒，又是被釋行追問個不停。想起昨晚上的事情，釋然還是不免有些氣郁，估計王二和賈老闆止呼呼大睡呢，自己卻不得不強忍著瞌睡在佛堂裡誦經。

早課結束後，戒嚴師叔的早餐也做好了，大家便結伴向伙房走去。「師父，要不要去禪房叫醒王二施主？」釋恩師兄提醒道。

「不用了，王二和賈老闆兩位施主，四更天時就已經離開了。」師父緩緩的說道。

「這還真是奇怪。」釋然忍不住在心裡嘀咕，「大半夜摔得渾身是傷爬上山來，卻又天還不亮就離開了。這個王二，難道只是為了打擾大家睡覺嗎？」

「哎，酒鬼的世界我們不懂。趕快去吃早餐吧。」釋果師兄看釋然一臉的問號，就知道他還在想昨晚的事情。

吃早餐的時候，釋然聽到大家都在悄悄議論，好像王二自知打擾了菩薩，內心十

分惶恐，大家睡下後，他一個人在佛堂跪了大半夜，請求菩薩的原諒。而賈老闆酒醒後，得知自己的行為後，感到十分不好意思，甚至自感無顏面見大家，所以不等天亮就悄悄離開了。

對於大家的傳言，釋然覺得不太可信，所以飯後趁機向師父求證。「師父，王二真的在佛堂跪了大半夜嗎？」釋然問道。

「是呀。」師父一邊回答著，一邊念著佛號。

「光跟菩薩賠罪了，卻把我們都忘了。」釋然對王二沒有向他表示歉意而心有不滿，忍不住小聲嘮叨著。結果一字不漏的被師父聽進了耳朵裡。

「釋然，為師問你，如若王二向你賠罪了，你昨晚的睡眠能補回來嗎？」師父盯著釋然問道。

釋然想了想，師父這不是明知故問嗎？昨天已經過去了，怎麼能補回來呢？「那自然不能了。」釋然回答。

「既然不能，你生氣又有何用呢？王二就是向你賠罪又有何用呢？」師父連珠炮似的提問，讓釋然不知道怎麼回答了，或者說答案已經昭然若揭了。

見釋然不說話，師父又說道：「釋然，你還記得為師給你講的『兄弟倆』的故事嗎？」

這個故事，釋然當然記得。故事講的是一對老夫婦在去世前，將年幼的弟弟託付給年長一些的哥哥照顧。起初哥哥還對弟弟很好，可是哥哥的妻子卻總想把弟弟趕出去，於是總在哥哥耳邊說弟弟的壞話。時間久了，哥哥也產生了趕走弟弟的想法。一天，哥哥將弟弟騙至樹林裡，然後捆在了樹上，他不忍心親手殺死幼弟，只想讓他去餵虎狼。到了晚上，樹林裡的豺狼虎豹都出來了，弟弟又冷又餓，而且十分害怕。這時佛祖感應到了弟弟的無助，出現了。

佛祖的出現使弟弟他免於飢寒，並恢復了精力、信心和希望。弟弟連忙跪在地上請求佛祖來拯救天下所有苦惱的人。佛祖見他富有仁慈之心，便對他進行誘導教化，使他得到無上的覺悟。

後來，這個弟弟安然無恙的回到了自己的家中，他的哥哥嫂嫂見之，非常羞愧，不敢抬頭，沒想到弟弟卻很溫和的說：「哥哥，你雖然聽了嫂嫂的話，把我綁在森林裡，想要害死我，但是，我卻因此遇到佛陀，而成就今天的修行，你們真是我的大恩人。」

想到這裡，釋然似乎明白了師父的話。「如果你能祈禱王施主和賈施主下山平

安，你就進步了。」師父最後說。

以前釋然不明白這個故事的道理，還曾想過如果是自己會不會原諒哥哥嫂嫂，現在釋然明白了，他想：如果換做是自己，他也會原諒哥哥嫂嫂的，並且也感謝他們讓自己遇見了佛祖，就像此刻自己在感謝王二和賈老闆幫助自己成長了修行一樣。

「不說話」的修行

這天釋然和釋行做完早課後，難得的不用做工，於是各自搬來一個小板凳，坐在佛堂門口享受著片刻的清閒。剛洗乾淨的僧袍上在陽光的反射下，泛著發舊的白光。

釋行坐在釋然的旁邊，跟釋然聊起修行之事。「師兄，你說我們現在每天砍柴、挑水、做飯、誦經是修行，那當我們得道之後呢？」

釋然還真的從來沒有想過這個問題，他仔細的想了想，回答釋行說：「應該還是每天砍柴、挑水、做飯和誦經吧。」

「那我們修不修行，又有什麼分別呢？」釋行歪著腦袋說道。

是呀，有什麼分別呢？釋然想，釋行的腦子裡怎麼這麼多稀奇古怪的問題呢？聽說山下的小孩有本書叫做《十萬個為什麼》，等哪天下山去，應該借一本回來給釋行看，省得他總是纏著自己問「為什麼」。

釋行的問題，也被剛從齋堂出來釋恩師兄聽到，他一邊打著佛號一邊對釋行說：「師弟，其實修行的方式還有很多種，不僅僅是砍柴、挑水、做飯和誦經。」

「那還有什麼？」釋恩師兄的話一下子引起了釋行的好奇心，釋行立刻從小板凳上跳起來。

「比如說『不說話』的修行。」釋恩師兄說。

「不說話」的修行，釋然還是第一次聽到，仔細一想後，心裡不禁偷偷笑起來，連忙表示自己也要參加。後來三人覺得這麼有意思的事情，不應該把釋果師兄留下，於是就把釋果也喊來了。

「不說話」的修行需要幾個人圍著一炷香盤腿打坐，並且保證香一直燃燒著，而點香的工作就交給釋行了。準備妥當後，大家就在佛堂中圍著一炷香打起坐來。

幾個時辰過去了，四個人誰也沒有說過一句話。太陽漸漸從山後爬上了山頂，釋界睡了一上午覺，此時悠閒的在佛堂散起步來。忽然，釋界身子一躍，跳上了香爐，圍著還在燃燒的香一圈一圈的轉著。

釋然心想：釋界不會在這個關鍵時刻搗亂吧。於是微微轉過頭，看著釋行的表現。釋行從釋界一跳上香爐，心就提到了嗓子眼，眼睛一眨不眨的盯著釋界，生怕釋界一個不小心，把香熄滅。幾次想要開口讓釋界下來，但是一想到這是「不說話」的修行，就忍住了。

然而釋界似乎沒有覺察到釋行的擔憂，一會伸出爪子，在空中抓了抓，似乎在驅趕縈繞在自己眼前的香氣；一會轉過身，準備跳下香爐。釋界的每一個舉動，都在挑戰著釋行的耐性。

終於，這一炷香就要燃燒完了，眼看著大家就要圓滿完成這次修行了，釋界忽然將爪子伸向了香，一爪子就將香弄倒了。「不要啊！」釋行著急的脫口而出。

香爐裡的香灰一下子就將香給埋在了裡面，待釋行將香再立起來時，香已經熄滅了。釋然不禁為釋行惋惜道：「哎，釋行，你忘了我們在做『不說話』的修行嗎？」

聽到了釋然和釋行說話的聲音，原本閉著眼睛打坐的釋果睜開了眼睛，釋果笑著說：「你不是也說話了嗎？」釋果師兄這一提醒，釋然才意識到，自己也「多嘴」了。但又轉念一想，釋果師兄批評了自己的同時，不也開口說話了嗎？現在就剩下釋恩師兄最有定力了，果然是跟著師父修行時間最長的，釋然心想。

釋然正想著，釋恩師兄睜開了眼睛，傲視著他們三人，緩緩說道：「只有我沒有說話。」此言一出，眾人皆呆住了，隨後都「哈哈」大笑起來。這時，一直在佛堂內打坐的師父站了起來，一聲不響的離開了佛堂。

大家頓時面面相覷，難道自己打擾了師父的打坐，師父生氣了？這可如何是好？

釋然心裡打起鼓來。這一天，釋然都在戰戰兢兢中度過，其他人也都是如此。

晚上，釋然終於鼓起勇氣問師父：「師父，您是不是生氣了？」

「生氣？為師為什麼要生氣？」師父反問道。

「因為我們在佛堂嬉笑，打擾了您誦經打坐。」釋然小心翼翼的說。

「哈哈哈。」師父忍不住笑了起來，笑得釋然莫名其妙，「為師沒有生氣，那樣做只是為了告訴你們一個道理——責人勿忘責己啊。」

釋恩偷錢

接下來幾天，釋然都會時不時叨念一句「責人勿忘責己」，他覺得這句話太有道理了，人們常常會只看到別人的錯誤，而忽略自身的不足，但是這句話卻告訴自己，雖然錯在別人，但自己也應該進行嚴厲的自省與自責，這不正是提高自己修為的方法嗎？

正當釋然沉浸在獲得知識的喜悅當中時，佛堂內忽然傳來了一陣叫嚷聲。每個來上香的香客都知道，在佛前禁止喧嘩，現在此人這樣大聲吵嚷，難道就不怕佛祖怪罪嗎？釋然心裡不禁有些生氣，連忙向佛堂的方向跑去。

只見一位打扮得雍容華貴的女士，說她放在包裡的錢包不見了，並且一口咬定就是廣緣寺的僧人偷的，而且那個人還是正在值殿的釋恩師兄。

「當時就只有我們兩個人在這裡，一定是你趁我不注意，偷偷拿走了。」那個女子用手指著釋恩師兄說。

出家人視錢財為身外之物，怎麼可能去偷錢，更何況還是在佛堂之上，所以說什

麼釋然也不會相信釋恩師兄會偷這位婦人的錢財。

「阿彌陀佛，善哉善哉。」釋恩師兄只是雙手合十，打著佛號站在一邊，絲毫沒有為自己辯解。

那婦人見狀，更加囂張：「不要打著佛祖的旗號給自己做掩護，快點把我的錢包拿出來。我還要給寺院捐香火錢呢！」

「多謝施主，佛祖會保佑施主的。」釋恩像對每一個捐香火錢的人那樣，用平淡的語氣說道。

「你要再不交出來，我可就要搜身了！」婦人的語氣更高了，釋恩的不動聲色讓她所有的怒火都找不到宣洩的管道，她更加氣憤不已。

「如果這樣能夠令施主放棄執念，貧僧願意接受搜身。」釋恩答應了，但這似乎也是證明他清白的唯一方式。

那婦人見釋恩毫不猶豫的就答應了，也絲毫不客氣，掀起施恩的僧衣翻看起來，但是卻什麼也沒找到，接著她又翻看了釋恩打坐的蒲團，依舊一無所獲。最後婦人咬牙切齒的盯著釋恩看了一會，便一甩手離開了佛堂，嘴裡抱怨道：「真是晦氣，上個香還把錢包丟了。」

釋恩偷錢

待那婦人離開後，釋然連忙走到釋恩師兄旁邊，問道：「釋恩師兄，你怎麼不解釋說不是你偷的呢？」方才在門外看著釋恩師兄一副不急不慌的樣子，釋然著實著急，面對婦人的冤枉和指責，釋恩師兄怎麼連為自己辯解都不會呢？

聽到釋然的問話，釋恩微微一笑說：「她若信我，我不辯解也無妨；她若不信我，我辯解了又有何用呢？」說完，釋恩又坐回到自己的蒲團上，閉著眼睛，一手轉著佛珠，一手敲著木魚誦起經來。

既然釋恩師兄不放在心上，大家很快也將這件事情拋到了腦後。卻沒想到，一日後，那婦人再次來到了廣緣寺，這次她不但一個人上來，身後還跟了一老一少兩名男子。難道上次沒有找到錢包，這次帶了人來鬧事嗎？釋然不禁想到，立刻做出了「兵來將擋水來土掩」的架勢。

結果這名婦人不但沒有吵架，反而一見到釋恩就立刻跪下請求釋恩師兄的原諒。原來她的錢包確實是丟了，只是不是丟在廣緣寺，而是丟在上山的路上，被當天上山的香客撿到了，並根據裡面的身分資訊，將錢包輾轉還給了她。婦人這才知道自己冤枉了釋恩，並對自己莽撞的行為十分懊悔，所以此次特地買了很多禮物來，向釋恩賠罪，並要求釋恩一定要收下。

釋恩連忙將婦人扶起，說道：「如果這樣能夠令施主放棄執念，那貧僧很願意收下這些禮物。」一場鬧劇就在釋恩這兩句聽似相似的話語中結束了。

被窩裡的談話

冬日裡的夜晚總是來的特別早，每天在佛堂聽完師父講經後，大家就洗洗準備睡了。今日，可能是師父講得故事太過於精彩，釋行回到禪房還依舊處在興奮中，他拉著釋然的手，說個不停。說著說著，釋行的情緒忽然低了下來。

「釋然師兄，今天我聽到一個外地的香客說，我們的廟小僧人也少，甚至懷疑我們廣緣寺的菩薩不靈驗，所以給我們的香火錢也少，對我說話時，也總是翻著白眼。他還說，有座山上有一間特別大的寺廟，裡面有很多房間和很多僧人，供奉的佛像也大，每日去拜佛的香客更是絡繹不絕。」

釋然靜靜的聽著，釋行所說的話，釋然也曾經聽一些香客提起過，只是釋然從來沒有放在心上，香客們愛怎麼說就怎麼說，拜佛講的是佛心，跟廟宇大小並無關係。只是釋然沒有想到，小師弟聽到了這些話因此而煩惱起來。釋然正欲給釋行講一下「不要與人比較，不要受他人影響」的大道理時，忽然靈機一動，決定換一種方式，讓釋行明白這些道理。

「師弟，你冷不冷啊？」釋然問釋行。

釋行沒想到自己剛剛說了那麼多，卻換來師兄一句非常個人的私家關懷，心有委屈只好無奈，悻悻的低頭順著釋然的問話回答道：「當然冷啊！寒冷天氣，我的雙腳早就凍麻了。」

「那就早點睡吧，明天一早還要早起呢！」說完，釋然就熄滅了燈，鑽進了被窩裡。過了一會，釋然忽然問釋行道：「師弟，現在你暖和些了嗎？」

釋行回答：「暖和多了，還是被窩裡暖和呀。」

「剛才我們沒有鑽進被窩時，棉被是冰冷的，可是我們鑽進一會，就變得暖和了。你說是棉被把人暖和了？還是人把棉被暖和了？」釋然繼續問道。

「當然是棉被把人暖和了。」釋行想也不想的回答，但是隨即又更改道：「不對，應該是人把棉被暖和了，因為棉被自身沒有溫度，而人是有溫度的。」釋行很為自己的分析能力感到驕傲，卻沒想到釋然還有問題在後面等著他。

「既然棉被不能給我們溫暖，而且還要靠我們去溫暖它，那我們為什麼還要蓋著棉被呢？」

這個問題釋行可從來沒有想過，他認真的思考了一會，開口回答道：「棉被雖然給不了我們溫暖，但是它卻可以保存我們的體溫呀，這樣我們才能在被窩裡暖暖和和的睡覺呀。」

聽到釋行的回答，釋然在黑暗中露出會心的一笑，然後接著說道：「我們每日誦經念佛，就像是躺在棉被下的人，而那些每日來寺裡拜佛的香客，就像是蓋在我們身上的棉被。只要我們保持著一顆炙熱的佛心，那蓋在我們身上的代表著芸芸眾生的棉被，終究會被我們溫暖的，不是嗎？到那時，我們廣緣寺的香客就會越來越多，香火也會越來越旺，用不了多久，廣緣寺也會成為一所廟宇千間的大寺的。」

釋行聽完，終於明白了釋然與他討論「棉被問題」的用意了。仔細想想，釋然說得很有道理。不管別人說什麼，只要自己一心向佛，那他人早晚會被自己的誠信所打動。

夜裡，釋然和釋行不約而同的做了同一個夢，那就是廣緣寺變大了，他們又多了很多的師兄弟，每天都有成千上萬的香客來廣緣寺進香。月光中，他們的臉上都露出了滿足的笑容。

賞煙火

冬天一過，天氣就不那麼冷了。轉眼間，又到了年底。如果說一年裡最讓人開心的時刻，那當然是農曆傳統的春節了。距離春節還有一個星期的時候，大家就開始了忙碌，因為大年初一是新年的第一次祈福，所以全鎮上下的人都將這一天視為重大的日子，就連平時不燒香拜佛的人，都會選擇在這一天來廣緣寺拜佛，為新的一年祈福。

廣緣寺雖然地處深山，但還是能隱約聽到從山下傳來的鞭炮聲，那是小鎮上的居民們在貼春聯。廣緣寺雖然不用貼春聯，但是也不閒著。清掃庭院、砍柴挑水等這樣的工作是少不了的，等大家將一切收拾妥當後，戒嚴師叔也在寺門口放了一串鞭炮，慶祝新一年來臨。

傍晚時分，大家走進齋堂，一起包餃子。平時做飯的活都是由戒嚴師叔和釋恩師兄負責，但是年夜飯一定要大家一起動手才更有過年的氣氛和濃濃的年味。今年又多了戒緣師叔，自然分外熱鬧，只是令釋然沒有想到的是，滿腹經綸、武藝高強的戒緣師叔，竟然不會包餃子。雖然在大家的極力鼓動下，戒緣師叔也動手包了幾個，但是那餃子的模樣還真是慘不忍睹，引來大家的陣陣笑聲。

時間在大家的嘻嘻笑笑中一點一滴的過去，夜幕降臨，山下小鎮上的居民開始放煙火了。這是每年過年時，廣緣寺的僧人們最期待的一刻。只聽見「咚」一聲巨響，釋然抬頭一看，天空已掛著一個巨大的彩球。彩球閃爍著耀眼的金光，向四周擴散開來。釋行拍著手說：「這是天上的神仙給我拋彩球呢。」

又是「咚」的一聲，一朵巨大的金黃菊花又在天空盛開，緊接著，金色的「花瓣」如流金般從天空落下。「看吶，天上撒金子了。」釋行又蹦又跳的叫嚷著。

「小師弟，你的解說，可比煙火精彩多啦！」釋果師兄看著手舞足蹈的釋行打趣道。師兄的話，引來大家一致的同意和笑聲。一團團煙火在空中爭相開放，將整個夜幕渲染得五彩斑斕，猶如一幅的彩色畫卷，散發著耀眼的光芒。

看著不斷綻放的煙火，釋行由最初的歡快，變得越來越沉悶。「煙火雖然美麗，可是綻放的時間太短暫了。我還來不及回味，它就已經消失了。」看了這麼多年的煙火，釋行第一次發出這樣的感慨。「看來自己的這個小師弟也在長大呢」，釋然心裡默默的想。隨即自己也不由得陷入了沉思：這煙火如同我們的人生一樣，努力的衝

向高點，為剎那間的完美縱情綻放，然後走向終結。再仔細一想，世間萬物也無非如此，譬如眼下這包餃子，早早準備，然後和麵、調餡、擀皮、包餃、煮熟，最終圓滿在年夜裡大家坐在一起共同分享的那份快樂。縱使準備的過程繁瑣漫長，可是每個人卻都樂此不疲。

觀看完煙火，大家又聚在佛堂裡一起守歲，釋行第一次熬過了年夜通宵達旦。大家的說笑著一直持續到天明。過了這一晚，就是新的一年，天亮以後大家就要開始新忙碌了。雖然大家每天都在誦經念佛，但是真正讓師父站在菩薩面前為大家祈福的日子畢竟屈指可數。想到這裡，釋然有些興奮。

「責任」田

過了年，就是春天了。回想起過年那幾天，釋然只能用忙得腳不沾地來形容當時的狀態，甚至有些不想過年了。或許人就是這樣吧，沒有得到時是滿心的期盼，當得到時，又覺得不那麼在乎了。

天剛濛濛亮，釋然睜開了眼睛，躺在被窩裡等著師父的木魚聲，可是今天的木魚聲卻遲遲沒有響起。師父很少會延誤早課的時間，釋然忽然想起昨晚睡覺前，師父打了兩個噴嚏，難道師父生病了？

想到這裡，釋然立刻將僧袍套到身上，向師父的禪房走去。結果，卻在佛堂門口遇到了師父。如此春寒料峭的早上，師父頭上的汗珠在晨光的照耀下，微微散發著光芒，手上和僧鞋上的泥土，準確傳達著他老人家剛剛外出回來的資訊。

「師父，您這是去哪了？」釋然不解，難道師父趁著大家都睡下了，自己獨自下山了？

「一會為師再告訴你，先上早課吧。」師父賣了個關子。於是，這一天的早課，

釋然完全沒有上心，而是暗自不斷的猜測師父到底去哪了。

終於，早課熬到結束。

「我們住在山上，吃喝用行，都不甚方便。一旦趕上雨雪的天氣，我們的吃喝就成了問題。」師父不疾不緩的說著。

這問題顯然戳到了戒嚴師叔的「痛處」，作為掌管全寺伙食大權的人，為此，他可沒少傷神，聽到師父的話後，戒嚴師叔的頭點得就像是小雞在啄米。

「所以，為師想到了一個辦法。」師父又說道。

「什麼辦法？」釋然搶著問道，他預感到師父想到的辦法跟今天早晨外出一定有關。

「就是在我們寺院後面開闢出一片田地來，我們自己種些瓜果蔬菜，這樣一來能夠自給自足，減少寺內的開支；二來，以後就不必受到大雨大雪的影響了。你們覺得這個主意可好？」師父問道。

師父的提議一經說出，大家立刻歡呼起來，想到大雪封山時，大家在寺裡吃的那些清湯寡水的食物，釋然就忍不住為自己心酸起來。師父的提議簡直太棒了，自己怎麼從來沒有想到呢？

「但是，」師父的話鋒一轉，伸出手示意大家安靜下來，然後接著說，「寺院後面的土地長滿了雜草，還有許多瓦礫，我們需要先把土地清理出來，然後再翻地，才能播種，這些工作都需要我們自己來完成……」

「啊……」大家一聽，集體發出了哀歎聲，這不是又要多很多工作嗎？看來真是有得必有失呀。

師父似乎料到大家會有如此反應，接著說道：「為師決定把土地分配給大家，每個人只負責自己的那片土地就好。在自己的土地上，可以種自己想種的東西。」

一聽到這裡，大家頓時又雀躍起來。釋行首先說道：「我要種草莓！我要種草莓！師父，我要種大大一片草莓。」釋行還記得年前一些香客上山時，送給師父的草莓，那味道，真是香甜，所有的草莓幾乎都進了他的肚子，可是他還是沒有吃夠。現在能種自己想種的東西，那定要種草莓不可了。

釋然看了看自己布滿了凍瘡的雙手，聽說老薑的汁液塗在凍瘡上十分有效，那自己就種老薑吧，不但能吃，冬季裡還能驅寒，真是一舉數得。不過自己可不像釋行那麼貪心，只要一小塊地就好。

於是，這田地怎麼開墾劃分，成了問題。

最後，師父提議，在一盞茶的時間內，每個人用步子所圈出的地，就歸個人所有，前提是最終必須回到起點。

師父的提議很快得到了大家的支持，吃過早餐，大家就來到了寺院後面的空地上。由戒緣師叔做裁判，一聲令下後，釋恩師兄先走了出去，釋恩師兄走了一大圈後，在規定的時間內走回了原點，因為走得有點急，施恩師兄的臉都紅了。

「釋恩的土地可不小哦。」戒嚴師叔拍著釋恩師兄的肩膀說道。

「我想種些小麥和玉米，這樣我們就不用跑到山下買糧食了。」釋恩師兄用手撓了撓頭，不好意思的說著。

接下來輪到釋果師兄了，釋果師兄走了沒幾步，就回到了原點。看著他圈出來的那一小塊土地，大家都有些哭笑不得。

「我就種些瓜果蔬菜就好，地方太大了，還浪費。」釋果師兄「嘿嘿」的笑著說，其實大家都知道，他是怕地太大了，耕作起來費力氣。

輪到釋然了，釋然還沒想好自己該圈多大的地，所以只好跟著感覺走。走到自己覺得可以的時候，返回了原地，時間掌控得剛剛好。師父似乎對釋然的表現很滿意，對他點了點頭後。

一直等在一旁的釋行早已經坐不住了，他生怕師兄們把土地都占了去，最後只剩一小塊。所以還未等師父說「開始」，釋行就抬起腳出發了。釋行一直向前走，一直走到大家幾乎都看不到他了。

眼看著時間一點一點的過去了，釋行還是不見往回走，釋然心裡不禁為釋行著急起來。終於，釋行跑回來了，他因為跑得太快而氣喘吁吁，人還未到跟前，就聽見釋行喊著：「師父，我回來了。」

「回來是回來了，只可惜……」師父說到一半，無奈的搖著頭，再次說道：「可惜時間早就到了。」

釋行一聽，臉上的笑容頓時僵住，原本散發著興奮光芒的雙眼，也瞬間暗淡下來。早在出發前，大家就知曉了「圈地規則」，未在規定時間內回到原點，所圈的土地無效。

「師弟，是你先來？還是我先來？」師父轉身問向身邊的戒嚴師叔。

「我先來吧，師兄無非也是想種些花花草草，我可要為全寺的吃食操心。」

「哈哈，那就師弟你先去吧。」師父被師叔猜透了心思，一邊笑著，一邊轉動手裡的佛珠。

戒緣師叔一聲令下，戒嚴師叔便大步向前邁去，不一會便不見了蹤影，釋然想：果然是練過功夫的，走路都比常人快，心中不禁升起幾分羨慕之情，但隨後又念了幾句佛號，將這不該有的世俗之心壓制了下去。

不一會，師叔也回來了，路過師父身邊時，說道：「師兄，給你留了一小塊地，不知可夠了？」

師父連看都不看，就笑著回答說：「足矣，足矣。有勞師弟了，省得我再多走一遭。」說完，兩人哈哈大笑起來。

最後，每個人都在為自己得到了土地而高興，就連一向對種地不熱心的釋果師兄，此刻臉上也流露著滿足的神情。唯獨釋行在一旁悶悶不樂，一路無語的跟隨著大家走回了廣緣寺內。

成人之美

因為沒有圈到土地，釋行整整一天都是垂頭喪氣的。釋然看在眼裡，心裡不免有些同情起釋行來，一個念頭在釋然心裡閃過，「釋行，我覺得我的土地有些大，不如我們一起耕種吧，只是……」

「真的嗎？師兄你說話算數嗎？」釋行不等釋然說完，就立刻從床上跳起來問到，一臉不敢相信的樣子。

「出家人不打誑語。」釋然見釋行居然不相信自己，覺得好氣又好笑。

「太好了！太好了！我可以種草莓了。」釋行高興的在床上蹦來蹦去，原本就不怎麼結實的木床，在釋行的「酷刑」摧殘下，「吱吱呀呀」的響個不停，萬一要是把床蹦壞，引來了師父埋怨，那恐怕自己想說話算數，也算數不了了。於是釋然連忙拉住正在上竄下跳的釋行，將食指豎起放在嘴邊，發出「噓」的聲音，示意釋行不要得意忘了形。

「只是，你播種的面積，不如你預想的大了。」釋然將自己方才沒有說完的話補

充完整。「沒關係啦，總比沒地方可種得好。」釋行歪著小腦袋，眼睛一眨一眨的說，因為解決了釋行的煩惱，這一晚釋然睡得格外香甜。

第二天吃過早上的齋飯後，釋然正尋思著自己去做些什麼時，戒嚴師叔扛著鐵鍬從工具房裡走了出來，看見釋然，好像很驚訝的樣子，彷彿釋然此刻不應該在這裡閒逛一般。

「師叔，你這是要去哪裡？」釋然問道，要是有什麼有意義的事情，自己就不愁沒得做了。

「去開荒啊。」戒嚴師叔回答。

「開荒？開什麼荒？」釋然儼然已經忘了昨天分到土地的事情。

「難道你想等著土地自己長出糧食來？」戒嚴師叔說著，用手輕輕的在釋然頭上敲了一下，似乎在懲戒他的無知。

「嘿嘿……」釋然摸著光溜溜的腦袋，不好意思的笑了，「那自然不會，只是沒想到這麼快就要進行勞作了。」說完，釋然也學著戒嚴師叔的樣子，從工具房裡拿出了一把鐵鍬扛在肩頭上，然後走到正在逗釋界玩的釋行跟前，敲了一下釋行的腦袋：「還有工夫在這閒玩？你等著草莓自己長出來？」說完，跟著戒嚴師叔一起出了廣緣寺，來到了昨天大家圈好的土地上。

沒想到，師父已經在那裡開始勞作了。這片地原本就是荒地，處處都是乾枯的雜草，雜草中間就是石頭和瓦礫。此時，師父正彎著腰費力的將雜草拔出。一旁，已經拔出的雜草堆在一起，像一個小土丘。

釋然和釋行見狀，也學著師父的樣子拔起草來。不一會，施恩師兄也過來了。看到釋行站在釋然的土地上，不解的問道：「釋行，你來湊什麼熱鬧？」

「我沒有湊熱鬧，我是來清理我的土地。」釋行梗著脖子說道。

「你的土地？哈哈……」施恩師兄一聽，忍不住笑了起來，「明明你昨天沒有圈到土地，今天哪來的土地？」

「是釋然師兄分給我的，釋然師兄說他的土地太大了，所以分了一半給我。」釋然認真的解釋道，生怕施恩師兄不信。

「那是你釋然師兄怕你哭鼻子，故意讓給你的。」釋恩師兄毫不避諱的說出了事情的真相。釋然確實是故意讓給釋行的，他只是不想把話說得太直白，傷了釋行的自尊心。只可惜，釋恩師兄卻絲毫沒有領會到自己的苦心，釋然無奈的搖了搖頭。釋行可千萬別當真才好，別看釋行人小，但是自尊心卻很強，釋然在心裡默默

祈禱道。

「不管釋然師兄是什麼目的，是想我幫他也好，還是他想幫我也好，我只知道，釋然師兄是真心想讓我跟他一起耕種這片土地的。既然是真心，我又何來拒絕之理？」釋然的回答，令釋然吃了一驚，就連遠處的師父都抬起了頭。

釋恩師兄頓時語塞，他沒想到釋行說得還挺有道理，自己原本只是想逗逗釋行，結果卻沒想到被釋行教訓了一通。正感覺難堪之際，頭上忽然挨了一掌，痛得他立刻縮了脖子。不用看，釋恩就知道這一定是戒嚴師叔的「黑煞掌」。

「釋恩啊，你還沒有一個孩子知曉的道理多！什麼叫『成人之美』，你忘記了？」

戒嚴師叔看著釋恩的囧樣子，忍不住一邊笑，一邊教訓道。釋行一看釋恩師兄被打，捂著嘴偷笑起來，釋然也跟著笑起來。只是釋然想不通，戒嚴師叔是說自己「成人之美」，還是說釋行「成人之美」呢？

究竟誰可憐

天氣一天比一天暖和了，難熬的冬天終於過去了。廣緣寺院子裡的幾株桃樹，不知何時已經長出了粉嫩粉嫩的花骨朵。微風吹來，一陣清新的泥土氣息伴隨著草木的淡雅幽香迎面而來。只是此刻的釋然可沒有心情欣賞這滿園的春光，因為今天他負責值殿，而且前來拜佛的香客還特別多。其中有幾個還是遠道而來，準備在廣緣寺住兩天再離開，所以釋然忙得有些暈頭轉向。

「那個小和尚真可憐。」一個姓張的女施主看著門外，忽然對釋然說。

釋然順著張施主所指的方向望去，只見釋行正在握著掃把認真的打掃著院子，原來是在說釋行呀，可是釋行哪裡可憐呢？釋然看來看去也沒有看出來，於是只好問道：「阿彌陀佛，施主何出此言呢？」

「你看他的衣服都破了，還打著那麼多補丁。」張施主指著釋行的褲子對釋然說。

釋然一看，果真如此，釋行的褲子不知何時破了一個大洞。雖說廣緣寺僧人的生活一向清貧，但並不是不給大家購置新衣服。只是這個小師弟平日裡太過於頑皮，

他的衣服總是壞得最快的。但是釋然轉念一想，張施主有這樣的菩薩心腸是好事，自己解不解釋又有什麼關係呢？於是只好笑笑沒有回答。

當夜幕降臨，大家都回到自己的禪房休息後，釋然拿過釋行那件破了洞的衣服，縫補起來。釋行換了一身比較新的衣服，坐在釋然身邊。一邊數著天上的星星，一邊與釋然聊天。「師兄，你看，那顆星星一閃閃的，多像寶石啊。」

「嗯。」釋然頭也不抬的應聲回答道。

「對了師兄，今天那個可憐的女施主是誰呀？」釋行忽然問道。

「可憐的女施主？」釋然不解，寺裡今天沒有來什麼可憐之人呀？「你說的是哪位？」

「就是那個身上帶了很多首飾的施主呀，她還在佛堂前跟你說話來著。」釋行的描述，讓釋然眼前立刻浮現出張施主的樣子。張施主確實是來寺裡為數不多的有錢人，她不但衣著考究，身上帶著很多首飾，脖子上還掛了金光閃閃的金佛。不過要不是釋行提到，釋然還真沒有注意到呢。可是，釋行怎麼會認為她可憐呢？

「你說的應該是張施主，只是你為什麼覺得她可憐呀？」釋然不解的問道，釋行還不知道張施主曾經說過他可憐的事情。

「你看啊，她一整天都皺著眉頭，都沒有笑過一下。我猜想，她一定有什麼難過的事情，所以覺得她很可憐。」

聽了釋行的話，釋然忍不住「噗哧」一聲笑了出來，如果釋行知道張施主是因為可憐他，才一直皺著眉頭，釋行還會覺得張施主可憐嗎？不過，釋行這份慈悲之心，釋然又怎麼捨得去「潑冷水」呢？

晚上躺在床上，想到白天發生的一切。雖然這一天很累，但是卻很有意思。原來即便從同一個角度看事物，如果目光落在不同的地方，也會產生不同的看法。就好比釋行把目光落在了張施主緊皺的眉頭上，就會覺得她很可憐。但如果將目光落在張施主佩戴的珠寶上，會不會就覺得自己很可憐呢？

或許就如師父經常所說的那樣，對任何事物都不要僅盯著一點，那樣會令人滋生出無謂的自大和自卑。只有全面的去看待事物，才不會讓自己掉入自卑和自大的陷阱。

一道選擇題

快到清明了，來廣緣寺拜佛的人較平日裡多了很多，釋然每天從早忙到晚，根本沒空顧及自己的那片土地。這天，許久都沒有上山的劉大娘來了，一見到釋然，就親密的拉過釋然，詢問他手上的凍瘡有沒有好一些。釋然連忙露出雙手給劉大娘看，「好多了，大娘告訴我的那個方法還真管用。只是寺裡吃穿用度一向緊缺，我也不敢太浪費，否則估計早就好了。」

「哎，可憐的孩子。」劉大娘輕撫著釋然的手，語氣裡帶著心疼說到，如果她的孩子還在，她現在應該要做奶奶了，不知道她那苦命的孩子在那邊過得好不好，過兩天就是清明了，劉大娘特地上山來，希望佛祖能夠知曉她心裡對孩子的惦念。

釋然見劉大娘方才還好好的，忽然間眼眶就氤氳了一層薄薄的水霧，劉大娘哭了！釋然見慣了總是笑呵呵的劉大娘，現在劉大娘忽然掉起了眼淚，他一時間不知道該如何是好，是因為心疼自己嗎？於是釋然立刻安撫劉大娘道：「劉大娘，你不用擔心了，我們在寺院後面開闢了一塊荒地，我心想著多種些老薑，這樣明年再生凍瘡就不怕了。」釋然說著，臉上露出燦爛的微笑，劉大娘看著，心裡的難過頓時減去不少。

「是嘛，那你們開始播種了嗎？」劉大娘細心的問道。

「還沒有呢？我們還沒有弄到種子呢？」釋然實話實說道。

「那你們可要趕緊了。」劉大娘提醒道，「農民有句俗語『清明前後，種瓜點豆』，意思就是說這清明節前後，可是播種地好時機，影響著一年的收成呢。」

要說誦經打坐，廣緣寺的眾僧人是內行，但是這耕地種菜，他們可就是外行了。當釋然把劉大娘的提醒告訴大家時，竟發現包括師父在內的所有人，都不知道清明前後是播種的好時機。好在大家的地已經犁好了，就等著播種了。

只有一個人開始著急了，那就是釋果，他原本以為時間還有很多，可以慢慢做，結果沒想到時間這麼快就過去了。只是現在後悔也來不及了，這兩天寺中事務繁忙，根本沒有時間讓自己去清理那片土地，現在怎麼辦呀？儘管自己對種地這件事情並不熱衷，但是心裡終歸還是不想落在後面的。

釋果將求助的眼光投向釋恩師兄。「釋果啊，我早就提醒過你，可你總說『不著急，不著急』，現在著急也沒用了。每天在山上吃齋的人那麼多，齋堂的事情我都忙

不過來，師兄是愛莫能助啊。」釋恩師兄說完，走到釋果身邊，拍拍他的肩膀，以示安慰，然後就向齋堂走去。

院子裡只站著釋然和釋行了。「釋果師兄，師父說今天輪到我值殿，所以我不能離開廣緣寺半步哦。真是對不起了！」釋行說完，就跑走了，不給釋果師兄說話的機會。

現在就只剩下釋然了，釋然感覺氣氛尷尬極了，自己該想個什麼理由拒絕釋果師兄呢？自己不用幫戒嚴師叔做齋飯，也不用值殿，但是事情也不少呀。就在釋然絞盡腦汁想理由之際，釋果師兄已經站在他面前了，「釋然，我平日裡待你如何？」釋果師兄問道。

釋果師兄雖然總愛開玩笑，但是對自己還是不錯的，「很好。」釋然實話實說。

「既然如此，你忍心看著我遇到難題而袖手旁觀嗎？」釋果師兄打起了同情牌。

「當然不忍心了，可是……可是……」釋然「可是」了半天，也沒有「可以」出所以然來，就在自己就要被釋果師兄拉著去鋤地的時候，師父出現了。

「釋果，為師給你出一道選擇題，你選擇對了，釋然今天就幫你鋤地，他的工作由為師代勞。但是如果你選擇錯了，你不但不能耽誤寺內的工作，還不能延誤了播種的時機。」師父替釋然解了圍，釋然想來想去，覺得師父的提議對自己而言沒有任何損失，也就高興的接受了。

既然是選擇題，自己總有百分之五十的機會答對，這樣想著，釋果也答應了師父的提議。「那為師可要出題了。有一個人在海上船難失事漂流到了荒島，身上的水和乾糧都吃完了。就在他快要餓死之際，佛祖出現了。佛祖準備兩樣東西，一樣是魚竿，一樣是一簍魚，但這個人只能選擇一樣。你說，他會選擇什麼呢？」師父的問題問完了，釋然在心裡也尋找起答案來。

人在快餓死時，求生的欲望會讓他選擇那簍魚吧，釋然想。「他會選擇魚。」釋果說出了釋然心裡想的答案。

「吃完了魚，解決了當時的飢餓，那麼以後呢？」師父再次問道。

這個問題釋果師兄顯然沒有考慮到，釋然也沒有想到。「釋然，去做你的工作吧。」師父吩咐釋然道。釋然像得到了赦令一般，轉身就跑開了。

身後傳來師父的聲音：「人無遠慮，必有近憂啊。」

第一次化緣

雖然大家在釋果求助的時候都拒絕了他，但是當真的看見釋果一個人在午後的驕陽下翻地時，還是不約而同的拿起了鍬鎬幫起了忙，就連釋界也跟著湊熱鬧，點著腳尖圍著大家轉來轉去。釋果的田地本身就不大，在大家七手八腳的幫助下，很快就開墾出來了。

接下來面臨的問題是——種子。廣緣寺的日常開支並不大，但是要維持大家的吃喝用度還是很緊張的，所以戒嚴師叔給大家出了個難題——每個人得自己想辦法弄到種子。這件事情，釋行已經不用擔心了，因為劉大娘聽說釋行要種草莓，早早就將草莓的種子送上山來。但是師父還是批准了釋行跟大家一道下山，這讓釋行高興得不得了，一路上都在計畫著到了小鎮上要做些什麼，釋然則在思考自己該去哪裡尋找種子。

種薑不像種其他的作物，還需要播種，種薑就直接將一塊薑埋進土裡就行，薑自然會生根發芽，長出新的薑。想要得到薑的話，那必定是菜市場了，可是自己身上沒有錢，那就只有一個辦法了——化緣。

一到小鎮上，釋行的眼睛就不夠用了，似乎任何事情都能引起他的好奇心。不管是路邊捏麵人的，還是巷子裡面賣年糕的，釋行都要拉著釋然的手過去看看。看著一點一點偏西的太陽，釋然有些著急了。劉大娘曾說，春播的日子就這麼幾天，錯過了就會影響收成。所以如果今天得不到種子，那麼明天就還要再出來一趟。本來今天該做的事情已經推到明天了，如果明天還要再下山，那明天的事情又推到後天了。想到這裡，釋然拉住準備去另一條街湊熱鬧的釋行，無比嚴肅的對這個小師弟說：「釋行，你不要忘了我們此行的目的，是找到種子，而不是逛街。」

經過釋然這樣一提醒，釋行果然收斂了很多，不再東張西望，也不再到處亂跑，乖乖的跟著釋然來到了菜市場。下午的菜市場人並不多，但是似乎每個攤位上都有人在買東西。要在別人的注目下化緣，釋然只是想到，臉就紅到了脖子根。

這雖然是釋然第一次化緣，但是這樣的事情釋然之前也曾做過，只是那個時候不叫化緣，因為釋然還不是佛家弟子，因此那時候叫做乞食。回想起來距今已經有很多很多年了，但是釋然卻依稀記得那時候的自己為了要到食物果腹，從來不會在乎周圍人的眼光。一無所有的時候什麼都不在乎，現在擁有了很多反而變得扭捏起來。

化緣也是出家人的修行之一，所以自己必須要做到，釋然在心裡給自己打氣。然後釋然來到了一處客人並不多的攤位，對著攤販攤販露出了一個僵硬的笑容，說道：「施主，我們是路過的僧人，想要要點齋菜，不知道方不方便？」

攤販一聽，立刻點著頭說方便，並貼心的問釋然想要些什麼，「我只想要點薑。」「沒問題。」攤販爽快的拿出兩塊薑放到了釋然的手上。

沒想到這麼順利就化到了薑，釋然頓時覺得士氣大增。只是這兩塊薑對於種地來說似乎有點少，還得再化兩塊才是。於是釋然又向另一個攤位走去。

這個攤位上正好有人買東西，釋然就站在旁邊等著。買東西的是一個中年婦女，在結帳時才發現自己出門忘記帶錢了，於是打算放下菜，回家拿了錢再來買。卻沒想到攤販笑著說：「先拿回去做飯吧，等什麼時候有空了，再送來給我。」買菜的中年婦女先是一愣，但是隨即又笑了，點著頭拿起菜就走了。

這時攤販看到了站在旁邊的釋然，連忙問道：「小師父，是要買菜嗎？」

釋然心想：這位施主這麼慷慨，如果自己開口他一定會施捨。只是剛剛那位女施主已經拿走了很多菜，如果她一去不回，那麼這位施主就會損失兩份菜錢。這樣一想，釋然對著施主雙手一攤，朝著下一家賣菜的攤位走去。

最後，釋然成功的得到了一些老薑。就在他要離開菜市場時，忽然看到之前的那位女施主，手中握著十幾塊錢，向菜市場的方向跑來。然後遠遠的，就聽見攤販對女施主說：「其實不來送也沒關係的。」

女施主則氣喘吁吁的回答說：「我要是不來送，你也找不到我。但是能被人信任不容易，我不能辜負了這份信任。」

釋然看著手中的老薑，微笑著離開了。他想，自己這一趟化緣，不但體驗到了與從前不一樣的心境，還了解到了人與人之間的信任是多麼的重要。真是不虛此行啊！不知道以後還沒有機會再出來化緣了。

垂釣者

廣緣寺的用水，都是僧人們每天從半山腰的泉水池中挑上山來的，雖然挑水的工作很辛苦，但是釋然還是很喜歡到泉水邊待一會，尤其是每年的四五月分，萬物生長，一派生機勃勃的場景，總能讓人感受到生命的可貴與美好。

有時候，釋然會看到一些垂釣者。作為出家人，釋然自然不忍心看到魚被釣上岸，可是觀察的次數多了，釋然覺得釣魚也是一項十分修身養性的行為，一個人不管嚴寒酷暑，都能穩坐在水塘邊，一動不動的大半天，那也是需要些定力的，就好比僧人們打坐一樣，一定不能有私心雜念，否則一定坐不住。

每年溪水融化的時候，來垂釣的人總是非常多。因為魚在水下被冰封了三四個月，一直都處於休眠的狀態，因此各個都養得身體豐腴，成為垂釣者的最愛。每每這時，師父總是會為那些被釣起的魚誦經超度。

這天釋然去挑水，又看到了垂釣者。不同的是，這次大家不是各釣各的，而是全都站在一個人的身後觀望，這自然也引起了釋然的好奇心，想著水缸裡還有些水供大家使用，釋然悄悄的挪步到了那個垂釣者的身後，一探究竟。

原來這是個垂釣高手，釋然才看了一會，這個人就釣上來一條大魚。那條魚足有一尺多長，被釣上來活蹦亂跳，企圖掙扎魚鉤。被放在地上後，魚依舊騰跳不止。這樣一條大魚，垂釣者是肯定不會放過的，釋然在心裡默默為這條魚念了一句「阿彌陀佛」。卻沒料到，垂釣者在解下魚嘴裡的魚鉤後，竟順手將魚再次扔回到了水池中。

這一行為引來周圍圍觀人群的一陣驚呼，這麼大魚都不能令這個人滿意，看來這個垂釣者的野心還真不小。短暫的唏噓過後，大家又開始屏息期待。不一會，垂釣者的魚竿一揚，又一條魚上鉤了。

這條魚比上一條魚更大，足有兩尺長，垂釣者費了九牛二虎之力，才將這條魚拉上岸。很多垂釣者一輩子都沒有釣到過這麼大的魚，可想而知大家看到這條魚後的反應，各種羨慕和讚歎的聲音紛沓而至。然而，這一次垂釣者再一次做出了同樣的行為，那就是將魚鉤解下後，再將魚放回到水裡。

或許這位垂釣者的目的並不是將魚釣上岸，而是享受這個釣魚的過程吧。釋然在心裡默默的想著。周圍的人都在小聲的議論著，有人說自己已經在這裡看了一下午

了，這個垂釣者都是這樣釣一條扔一條。還有人說，人不能太貪心了，要懂得適可而止。也許扔掉了這條大魚，就再也釣不到這麼大的魚了。到時候後悔也來不及了。

這些議論之聲自然都逃不過垂釣者的耳朵，但是他都不為所動，依舊專心致志的釣自己的魚。魚竿又動了，這次垂釣者釣上了一條還不足半尺的小魚。周圍觀看的人們斷定，這條魚也一定會被放了。結果當垂釣者將魚鉤解下後，竟將這條不足半尺的小魚放進了旁邊的魚簍中，然後收拾起魚竿，起身離開了。

眾人都對這個垂釣者的行為表示不理解，釋然也是如此，為了讓自己晚上能睡個好覺，釋然追上了那名垂釣者，問出了自己心中的疑問：「既然施主不是在享受垂釣過程的樂趣，又為何捨大取小呢？」

垂釣者聽後，哈哈一笑，回答說：「因為我家裡最大的盤子還不到一尺長，我釣了大魚回去，我家的盤子也裝不下呀，所以只好要這條小魚。況且我家裡只有我和妻子二人，這條小魚剛好夠我們兩個人吃，既不浪費又能吃飽，不是剛剛好嗎？」說完，這個人就扛起魚竿，唱著歌回家了。

釋然擔起已經盛滿了水的水桶，一邊向廣緣寺走去，一邊回想自己見過的那些垂釣者，他們大多都會為自己釣到的魚不夠大而煩惱，如果人人都能像這個垂釣者這樣知足，那該少去多少不必要的煩惱呀。

釋果學畫畫

釋果師兄曾經因為自己胖而自卑過，也曾下定了決定要減肥。釋果減肥的那段時日，是釋然不堪回首的歲月，因為釋果師兄為了減肥而節食，但是又不能浪費糧食，所以逼著釋然一個人吃一個半人的飯量，導致釋然的臉差點變得跟釋行一樣圓。

還好最後師父出馬了，在師父的一番勸說下，釋果打消了減肥的念頭，但是他卻一直沒有放棄想辦法提升自己魅力這件事情。釋果師兄認為，就算是做胖子，也要做一個有魅力的胖子。

經過幾天的冥思苦想，釋果決定學習畫畫，並立志成為一個充滿著文藝氣息的胖和尚。關於釋果師兄對自己的定位，釋然覺得既新鮮又好笑。原本以為釋果師兄只是說笑而已，沒想到隔天他竟然真的從山下帶回了畫畫需要的工具，然後沒事就將自己關在屋子裡作起畫來。對此，師父採取了不聞不問不支持也不反對的態度，畢竟自己的徒弟想要多學一些技藝，總歸是一件好事。

既然要學畫，廣緣寺裡的每一個人也都「有幸」成為了釋果師兄的模特和素材。

釋果學畫畫

起初大家還覺得挺有意思的，但是時間長了就有些厭煩了。因為一站或是一坐就是一個時辰，嚴重耽誤了大家做其他工作。而工作最少的釋行，又總是坐不住。更加重要的是，即便大家耽誤了很多時間給釋果師兄當模特兒，結果釋果師兄畫出來的畫像卻差強人意，讓人懷疑釋果師兄畫的到底是不是自己。

最終，釋果師兄決定不再畫人了，改畫動物。因為在廣緣寺中，唯一不用工作，還總是保持一個姿勢的模特，就是釋界了。連續畫了幾天釋界後，釋果師兄覺得自己的畫藝大有長進。一天，釋果師兄又悶頭在屋子裡畫了一下午後，得意的拿出了一幅畫，讓大家觀賞。

只見畫中龍爭虎鬥，好不威風。龍在雲端盤旋將下，虎踞山頭作勢欲撲。但釋然看來看去，總覺得畫中有不對勁的地方，可又說不出哪裡不對勁。釋恩和釋行也是這樣的感覺，似乎是氣勢有餘而動感不足。

面對大家的意見，釋果再次拿起筆來，但前思後想許久，也還是不知道該如何改進。再加上大家在旁邊指指點點，更是讓他舉棋不定。這時，師父從外面回來了，釋果連忙拿著畫走到師父面前，請師父指點一二。

師父拿著畫仔細的看了一遍後，說道：「龍和虎外形不錯，但其秉性表現不足。

要知道，龍在攻擊之前，頭必向後退縮；虎要上前撲時，頭必向下壓低。龍頭向後曲度越大，也就能衝得越快；虎頭靠近地面越近，也就能跳得更高。」

大家仔細一想師父的話，可不是嘛。雖然大家沒有見過真的龍爭虎鬥，但是也看到過蛇撲小鳥和野狗打架，就是如師父所說的那般架勢。當蛇準備襲擊樹上的鳥時，總是將自己的頭盡量向後縮，然後以迅雷不及掩耳之勢猛向鳥撲去，鳥往往都是防不勝防。而野狗打架的時候，總是將頭靠近地面，一雙眼睛緊盯著對方，然後找到合適的時機一躍而起，直擊對方要害。而釋果師兄的畫中，龍頭向前伸著，虎頭向上昂著，怎麼看都不像是在爭鬥，而像是多年不見的好友在相互問候。經過師父這樣一指點，釋果師兄終於意識到不足點在哪裡，於是按照師父提出的建議將畫改過，果然整個畫面都呈現出了一副不一樣的氣派。

釋然看後，忍不住讚歎道：「沒想到師父除了滿肚子經文故事，還能夠對畫畫做出獨到見解，真是淵博。」

釋然的恭維完全出自內心，師父聽了自然十分高興，於是藉機會教育幾個小徒弟道：「其實為師並不懂得作畫，只是這作畫與做人一樣，充滿了禪機，退卻一步，才能衝得更遠；謙卑反省，才會爬得更高啊。」

人和野豬的區別

冬日的冷落蒼涼不見了！山上到處都呈現著盎然生機。這是釋然最喜歡的季節，「如果一年四季都這樣那該多好，那樣就不用忍受夏季的炎熱和冬天的寒冷了。」釋然對著從青磚縫隙中長出來的小草，自言自語道。

「你這是從哪裡來的貪念？」師父的手重重的在釋然頭上拍了一下。「經歷一年四季不同的季節又何嘗不是一種修行？」

師父短短的兩句話給釋然上了深刻的一課，說完，師父就出了寺門。這段時間，只要一有空隙，師父就會到寺院後面去看他種的菊花。師父這算不算貪念呢？釋然偷偷在心裡想，於是也跟出了寺院。師父此刻正在給他的花圃圈上一圈柵欄，山裡人跡罕至，寺院後面更是少有人去，師父為何還要圈上柵欄呢？

「為師做這柵欄不是為了防人，而是為了防山裡的野豬。」師父彷彿看出了釋然的疑問，頭也不抬的說道。

這個問題釋然倒是忽略了，經師父這麼一說，他似乎看到了自己辛苦種的果實，

被野豬拱得七零八落。於是，連忙跑回寺裡，他也要給自己的地裡圈上柵欄。順便，也告訴下寺裡的其他人，也好讓他們有個防範。

「戒嚴師叔，你種的菜都已經長苗了，你快去圍上柵欄吧。」釋然提醒過其他人以後，又跑到了齋堂，好心的提醒戒嚴師叔，那是戒嚴師叔為全寺的人種的菜，要是被野豬拱了，那就可惜了戒嚴師叔的一片心意了。

「為什麼要圍柵欄呀？」戒嚴師叔對釋然的提議似乎並不熱情，與其他人形成了鮮明的對比。

「防野豬呀。」釋然有些意外，戒嚴師叔怎麼會不知道呢。

「防野豬做什麼？」戒嚴師叔似乎在明知故問。

「師父說，野豬會拱了菜，那樣我們就沒辦法吃了，你種的菜不就白忙一場了嗎？」釋然依舊耐心的向戒嚴師叔解釋。

「那我問你，我種菜是為了什麼？」戒嚴師叔反問釋然。

「為了大家吃呀。」這個問題太簡單了，釋然想都不想的回答。

「那野豬拱菜是為了什麼？」戒嚴師叔又問道。

「也是為了吃啊。」釋然覺得戒嚴師叔的問題越來越小兒科了。

人和野豬的區別

「人和野豬又有什麼區別呢？都是要吃飯的。我種菜就是為了吃，那人吃和野豬吃，又有何分別呢？」戒嚴師叔反問釋然。

「這……」釋然一時語塞了，戒嚴師叔說的難道不對嗎？佛祖能割掉自己的肉餵老鷹，只是為了救一隻鴿子，最終因此得道成佛，自己呢？如果師父在，一定又會批評自己了，這是從何來的高低貴賤之分呢？自己剛覺得通曉了一些道理，離成佛近了一步，現在又覺得自己離成佛還差得遠呢。

那師父為什麼還要裝柵欄呢？難道師父還沒有戒嚴師叔的覺悟高嗎？「那師父他……」釋然想問，卻又問不出口。

「那我問你，你師父種的是什麼？」戒嚴師叔似乎知曉了釋然的心思。

「菊花啊，而且有好幾種呢！據說有一種還挺名貴的，是師父從他一個摯友哪裡移植回來的。」釋然知無不盡的說，也正是如此，師父才對自己種的那些花格外用心。

「那你師父種那些花是為了什麼？」戒嚴師叔再次問道。

為了什麼？釋然就不太清楚了，釋然只知道師父素愛菊花，應該是為了自己的喜好吧。

「是為了吃嗎？」戒嚴師叔見釋然不說話，繼續追問道。

「師叔真會說笑，菊花可以用來泡茶，但是卻沒有聽說過誰會去吃菊花。」釋然說道。

「那就是了，既然不能吃，還不防著野豬，那豈不是故意糟蹋了？」戒嚴師叔說完，用手捏了捏釋然並不圓潤的臉蛋。釋然被師叔捏得頓時開悟，心裡默默想到，看來自己差得還真是遠呢！

王二修路

最近每一個小鎮上的居民來廣緣寺上香時，都會對師父報告一個好消息，那就是王二給小鎮上修了一條路，而且還是柏油路。這條路一直從王二家門口通向山下，每一個到廣緣寺拜佛的人都會經過這條路，因此對王二的善舉讚不絕口，並稱他一定會得到菩薩的保佑。

對此，廣緣寺的僧人們自然也很高興，因為那也是他們經常會走的路。就連一向有些看不慣王二的劉大娘，也說王二這次辦了一件好事。這天，許久沒有露面的李三拎著一籃子饅頭上山來了。

李三的家境並不富裕，比起王二那些「貴重」的捐贈來，李三帶來的東西總顯得有些寒酸。只是師父常說「佛心不分大小」所以釋然從來沒有拿他們之間進行過對比，但是李三似乎不這麼想，因為他每每見到王二，都會躲得遠遠的。

但是有些人和事，不是想避開就能避開，就好比王二，李三越是想要躲開他，就越是會遇見。看著拎著一籃子饅頭的李三，王二連忙走上前去，故意將自己穿著名

牌皮鞋的腳伸到李三面前，用陰陽怪氣的語氣問道：「呦，李三，這麼一大籃子饅頭，得花不少錢吧。」

語氣裡的嘲諷，任誰都聽出來。李三低著頭不知道該如何作答。只是將自己穿著破舊布鞋的腳向後挪了挪。王二還欲說什麼時，師父出來了。

「李三施主，貧僧可是十分想念你這饅頭的味道呀。」說著，雙手合十，打著佛號，將李三施主的籃子接了過來。

見此狀，王二也不好再說什麼，輕蔑的看了一眼李三，便告辭離開了。王二離開了，李三囁嚅著向師父說了一件事情。那就是他打算到城裡去打工。李三一家祖祖輩輩都在小鎮上生活，從來沒有離開過一步。已經種了大半輩子的地的李三突然說出要去打工的話，令所有人都驚訝不已。

「阿彌陀佛，善哉善哉。李三施主為何會選擇遠走他鄉呢？」師父關切的問道。

「這……」李三一時間不知該從何說起。想了半天後，他說道：「我想賺錢。想像王二那樣有錢。」

李三的話再次讓大家張大了嘴巴，釋然一直以為李三應該是討厭王二的，卻沒想到李三竟想成為王二那樣的人。顯然，師父也沒想到李三的答案會是這樣，只見師父不輕易皺起的眉頭此刻擰成了一團。

「王二給大家修了一條路，鎮上每個人都在稱讚他。就連我的家人，也認為王二很厲害。我妻子說我，能有王二一半的本事，就不用過這種窮日子了。我女兒雖然從來沒有說過這樣的話，但是我從她的眼神中可以看出來，她更渴望有一個像王二那樣的父親。」李三將隱藏在自己心底的話都講了出來。

「李三施主，每個人都有自己的人生。當你擁有了王二施主那樣的人生後，你就必須要承受那樣的人生所擁有的煩惱。這些，你可想清楚了？」師父問道。

「煩惱？」李三顯然沒有想到王二那麼有錢，怎麼會有煩惱。

「你現在的煩惱是沒有錢。可你有沒有想過，當你有錢了，這種煩惱就會消失嗎？不會，你反而還會增添更多的煩惱。你可能不知道，王二的煩惱更勝於你，他會煩惱自己的錢還不夠多，也會煩惱自己辛苦賺來的家業會突然之間毀於一旦，會提防著那些覬覦他錢財的人，所以他身邊幾乎沒有可以信任的朋友……」

「王二，他居然有這麼多煩惱。」李三施主睜大了眼睛，不敢相信的樣子。

「不然他為什麼總是來廣緣寺呢，他就是來找菩薩給他解煩惱的。」師父說。

「那他的煩惱解了嗎？」李三很關心這個問題。

「那你解了嗎?」師父問李三。

李三點點頭,但隨後又搖搖頭。說解了,他覺得自己這樣的人生也很好,不再渴望成為王二那樣的人;說沒解,他依舊窮的叮噹響,依舊還是會為生計而煩惱。或許,這就是人生吧,沒有那樣的煩惱,就必然要承受這樣的煩惱。

深山裡的老夫婦

「釋然，想不想改善一下伙食？」一下早課，戒嚴師叔就攬過釋然的肩頭，在他耳邊神祕的問道。

「想。」釋然毫不猶豫的回答道，每年的這個時候，戒嚴師叔都會到深山裡去採蘑菇，他可是做蘑菇的好手，每每採到蘑菇，或是素炒，或是做蘑菇湯，有時候還會做蘑菇餡的餃子，就連師父吃了都會讚不絕口。以往釋然也纏著戒嚴師叔帶他去採蘑菇，但是師叔說下過雨的山裡道路十分滑，怕釋然會出意外，今年釋然已經舉行過成人禮，戒嚴師叔終於決定帶他到山裡走一遭了。

雨後的山裡空氣格外清新，他常聽上山來的香客抱怨山外的空氣多麼糟糕，打算年老以後隱居到山林裡來，釋然每次聽到，都會無奈的笑笑，他一個修行之人有時候還會覺得山裡的生活枯燥乏味，更不要說世俗中人了。就這樣一直呼吸著泛著泥土清香的空氣，釋然和戒嚴師叔來到了樹林裡。

「蘑菇，師叔我看到蘑菇了。」一走進樹林裡，釋然就看到一朵大大的蘑菇生長

在一棵大樹根上，自然激動的不能自持，不等戒嚴師叔過來，自己就快步跑了過去。

「釋然，小心！」戒嚴師叔的聲音剛從後面傳過來，釋然就一腳踩空，整個人都向下滑了下去，釋然本能的想要抓住身邊的野草來控制自己下滑的身體，結果卻是抓到兩手的泥巴，他只好閉上眼睛，等待著自己重重摔到地上。

「砰！」的一聲，釋然撞到了一棵樹的枝幹，被撞得停了下來，還未等釋然站起來揉揉摔疼的部位，戒嚴師叔也從上面滑了下來。一看見釋然，戒嚴師叔立刻一個鯉魚打挺站了起來。「釋然，你沒事吧？」戒嚴師叔顧不得拍掉身上的土，就來到釋然身邊，關切的問道。

「沒……沒事。」釋然揉著被撞疼的屁股，掙扎著想要自己站起來，然而剛一起身，腳踝處就傳來了劇烈的疼痛。

「應該是扭到腳了。」戒嚴師叔看著釋然腫起來的腳背說道。「看來今天這蘑菇是採不到了。」戒嚴師叔有些掃興的說著，「來，釋然，我先背你回去，你的腳傷要緊。」戒嚴師叔說著，彎下了腰。

「可是……這裡距離廣緣寺還遠著呢！」釋然雖然不胖，但也不忍心讓戒嚴師叔背著他走那麼遠的山路，更何況路還不好走。

「別囉嗦了，趕快上來吧。」戒嚴師叔露出難得的嚴肅的一面，那語氣容不得釋然拒絕，釋然只好爬上了戒嚴師叔的背。走了一段路後，釋然竟遠遠的看到了炊煙，難道這深山裡還有人家？釋然怎麼從來沒有見到過，想必應該是獵戶一類的吧？

「師叔，前面有戶人家。」釋然拍拍戒嚴師叔的肩膀，示意他抬頭看。

戒嚴師叔抬起頭一看，前面果然有一幢不大的房子，「太好了。」說完，戒嚴師叔加快了腳步，向那幢小房子走去。

敲開門，釋然才發現住在這裡的是一對老夫婦，一聽說釋然的腳受傷了，連忙將釋然迎進了屋子裡。

戒嚴師叔將釋然放在了屋子裡唯一的一把椅子上，然後脫掉他的僧鞋，為他檢查起傷勢來，釋然趁機打量起這對老夫婦。他們看起來有六七十歲的年齡，老婆婆的雙手挽著老爺爺胳膊，頭微微的靠在老爺爺的肩上。老爺爺一隻手覆在老婆婆的雙手上，一隻手攬著老婆婆早已不再纖細的腰上。這幅畫面釋然看在眼裡，不禁回想起前段時間來廣緣寺進香的那對夫婦。

那天，來寺裡拜佛的香客格外多，釋然從早忙到晚，好不容易能在中午吃飯的時

候稍微歇息一下，就聽見齋堂外面傳來一聲：「我要跟你離婚！」

何人在寺院裡喧嘩？這是對佛祖的大不敬。釋然心裡埋怨著，放下了碗筷，隨著眾師兄弟一起走出齋堂看究竟。原來是一對夫婦在齋堂外吵了起來，只見那個妻子杏眼圓瞪，手指著站在不遠處的丈夫，嘴裡喘著粗氣，又說了一遍：「離婚，下了山就離婚。」

丈夫看一下子引來了這麼多人的注意，眼睛瞥向一邊，不再看盛怒的妻子，「離就離，誰怕誰。」丈夫的話一說出，原本還氣焰囂張的妻子「撲通」一聲跪在了地上，哭著喊道：「佛祖啊，請替民婦做主呀！我成天伺候他們一家老小吃喝，這個沒良心的竟然說要跟我離婚。嗚嗚……」

妻子聲淚俱下的訴說，引起了周圍人的竊竊私語，釋然也雙手合十，念了句「阿彌陀佛」，丈夫顯然不能忍受妻子的無理取鬧，厭惡的看了一眼跪坐在地上的妻子，轉身離開了。

最終他們是否離婚了，釋然也不知道，或者說釋然並沒有去確切理解離婚是什麼概念。只是拿眼前這對老夫婦和那對年輕夫婦比起來，釋然知道「離婚」不是一件好事。想到這裡，釋然鬼使神差的問了一句：「老婆婆，您想過離婚嗎？」

釋然這句沒頭沒腦的問話，驚呆了屋子裡的所有人，隨即老婆婆發出一聲爽朗的笑聲，「小師父，這個問題我還真沒有想過呢。」老婆婆笑完回答道。

「為什麼呢？」釋然完全沉浸在自己的問題裡，決定打破砂鍋問到底，為什麼同樣是夫妻，卻有如此大的差別。

「我出嫁前，我母親告訴我，愛情就像沙子，抓得越緊，流失得越快。起初我並沒有在意，後來經過幾次爭吵，我發現了，只要我試圖將我的老頭子拴在我的身邊，我們之間就會出現矛盾，這時，我才漸漸明白我母親的話。」老婆婆說完，用滿含慈祥的雙眼望向釋然，似乎在詢問他有沒有明白。

釋然自然是沒有明白，但是他卻明白了一件事，越是想要抓緊的東西，越是會遠離自己，就好比那朵長在樹根上的大蘑菇。

理髮的好處

雖然釋然的腳並無大礙，但是鑽心的腫痛也給他的生活造成了不小的影響，幾天不能洗澡就是其中之一。本來就天熱，再加上不能洗澡，每天打坐的時候，釋然都能聞到自己身上傳來的陣陣汗臭味，釋然甚至覺得師兄師弟們都在刻意跟他保持距離。

因此，釋然拆掉紗布的第一件事，就是洗澡。片刻的清爽過後，釋然意識到了一個嚴重的問題，那就是自己的頭髮已經超過半寸長了，也就是必須要理髮了。其實理髮並不可怕。可怕的是理髮的人是戒嚴師叔。

戒嚴師叔除了要掌管全寺的飲食外，還擔任著理髮的重任。釋然曾經在小鎮上的理髮店見過真正的理髮師，剪刀在人家的手裡，就好像釋然敲木魚一樣嫻熟。釋然也曾奇怪，為什麼理髮師拿著剪刀或是剃刀在人頭上比劃來比劃去時，竟然能夠那麼自如。對此，戒嚴師叔的回答是「熟能生巧」。可是這個詞用在戒嚴師叔身上就完全行不通了，別人是做得越久，技術越好，但是戒嚴師叔的理髮手藝，卻是幾十年

理髮的好處

如一日，那就是時常將大夥的頭皮理破。釋然也曾找過這其中的原因，一來可能是因為除了師父以外，每個人坐在戒嚴師叔手下時，總是晃來晃去；二來可能是因為所有人的髮型一致，導致戒嚴師叔失去了提升技術的興趣。

自從釋然剃度以後，頭髮從來沒有超過半寸的時候，因為當頭髮稍微有點長時，就會被戒嚴師叔抓住理髮。最初釋然還挺願意被戒嚴師叔理髮的，但是經過幾次被理破頭後，釋然只要一看見戒嚴師叔拿著剃刀站在他面親，都要情不自禁的腿軟。不僅僅是釋然如此，幾乎所有的人都是如此，當然除了師父之外，因為每次都是師父主動找戒嚴師叔理髮，而戒嚴師叔也從來沒有把師父的頭理破過。但是其他師兄弟就沒有這麼好的運氣了，尤其是釋行，小時候被戒嚴師叔逮住理髮，會邊哭邊鬧，就算師父用餅乾做誘餌，他也不肯乖乖坐好理髮，所以釋行經常被理破腦袋就如家常便飯一樣。長大後，釋行不再哭鬧，而是改成了「躲貓貓」，一旦發現自己的頭髮長了，就想著辦法躲開戒嚴師叔，直到被戒嚴師叔逮個正著為止。

在這方面，釋然既比不上師父的淡定，也沒有釋行的古靈精怪，所以，釋然是戒嚴師叔眼中最好「逮住」的那個人。釋然想：恐怕自己這次又難逃戒嚴師叔的「魔掌」了。

果然，第二天起，戒嚴師叔的眼睛就總在釋然頭頂上掃來掃去，看得釋然不寒而慄。就在釋然思考著自己要不要「束手就擒」時，戒嚴師叔已經拿著剃刀站在釋然面前了。看著師兄弟們一個一個幸災樂禍的樣子，釋然只能在心裡默默為自己祈禱：千萬別腳傷還沒好，頭上受傷。

然而，越是害怕，就越是容易出事。當師叔那冰涼的剃刀挨到自己的頭皮時，釋然條件反射般的一躲，結果耳朵碰到了剃刀，被劃破了。戒嚴師叔看著釋然流著血的耳朵，很是心疼，但是剃了一半的頭髮，還是得進行下去，否則釋然就得頂著半個光頭去見佛祖了。

終於，剩下的半個頭在釋然的誠惶誠恐中理完了，釋然長長的吐了一口氣。晚上洗頭時，釋然發現，之前還要等頭髮乾了才能睡，現在只要用毛巾擦一擦頭髮就乾了。看來理髮這件事情，是壞事也是好事。

沒完沒了的問題

夏天來得那麼的急，沒幾天廣緣寺的僧人們便深刻的體會到什麼叫酷熱難耐了。白天，太陽就像是一個大火球掛在天上，熱得讓人無處躲閃；晚上就像是住進了戒嚴師叔蒸饅頭用的大蒸籠裡，躺在床上，不一會，身下的被褥就會出現一個「人」形的汗漬。釋然只得挪動下身體，換一處乾爽的地方躺著。

另一張床上的釋行則在不斷翻動著身體，嘴裡不住的叨念著：「熱死了，熱死了……」原本就因為悶熱有些睡不著的釋然，被釋行這樣一吵，更加睡不著了。「師弟，心靜自然涼。你不要總想著『熱死了』就不會這麼熱了。」

這個方法釋然親身試驗過，如果自己內心煩躁，那麼即便天氣並不是那麼熱，身體也會覺得燥熱難耐，但如果自己內心平靜，身體周圍似乎就會環繞著一層特殊的氣流，將熱空氣隔絕在外，使自己不那麼熱。

「哦。」釋行聽了釋然的話，果然乖乖的躺在那裡，不再來回翻滾了。

然而，不一會釋行又開始翻滾開了，就在釋然迷迷糊糊就要睡著之際，釋行忽

然問道：「師兄，你剛剛說的『自然涼』的前一句是什麼來著？」釋行問道。

「心靜。」釋然眼睛都不抬的回答道。

「哦，心靜自然涼。」釋行自顧自的重複了一遍後，又老實了一會。但是釋然卻因為釋行這句提問，變得清醒了，只好再次培養睡意。然而不一會，釋行的聲音再次傳來：「師兄，『心靜』的後一句是什麼來著？」

「自然涼！」

「哦！」

「師兄，『自然涼』的前一句是什麼？」

「心靜！」

「心靜……」

「『心靜』的後一句是什麼來著？」

「自！然！涼！」

……

釋然覺得自己的耐心底線一再被釋行挑戰，就在釋然氣得準備一躍而起，將釋行那張不停問下去的小嘴堵住時，釋行的床上居然傳來了輕微的鼾聲。

終於睡著了，釋然鬆了一口氣，沒人再打擾自己的休息了。然而釋然卻怎麼也睡不著了，不管他再對自己念多少遍「心靜自然涼」，汗水還是止不住的往下流。於是釋然成了之前的釋行，躺在床上開始翻來覆去。

不知翻滾了多久，就在釋然覺得自己剛剛睡著時，師父的木魚聲就響了。應該是在做夢吧，釋然眼睛都不睜的想。不一會，師父的第二遍木魚聲再次傳來，不是做夢！釋然猛睜開眼睛，窗外天早已大亮。釋然連忙穿好衣服，拉開門就向佛堂衝去。師父和師兄們早已經在佛堂開始打坐了，儘管釋然已經將自己的動作幅度減到最小，還是將盤臥在一旁睡大覺的釋界給吵醒了。釋界眯著眼睛，對釋然「喵」的叫了一聲，彷彿在對釋然說：「你遲到了。」

這天的早課，釋然完全沒有上到心裡，一會埋怨釋行不該打擾他睡覺，一會又責怪自己定力不夠。心亂則手忙，一聲聲不和諧的木魚聲，紛紛引來大家的側目，戒嚴師叔不時咳嗽一下，意在提醒釋然集中精力，這讓釋然恨不得找個地洞鑽進去。

早課結束後，釋恩和釋果師兄指著釋然的黑眼圈，笑得前俯後仰，並開玩笑說要將釋然趕到山裡吃竹子去。而師父雖然沒有責罵他，卻也沒有跟他說一句話。師父一定是跟自己生氣了，釋然懊惱的想。

就在釋然思索著要不要去給師父認個錯時，釋行抹著嘴巴來到了釋然面前，「師兄，你昨晚對我念的那句是佛咒嗎？太管用了。我每次聽你念一遍，就會覺得涼快一些，今晚你能再對著我念嗎？」釋行眨巴著圓溜溜的眼睛，一臉無辜的問釋然。

當然，晚上釋然沒再對著釋行念那個所謂的「佛咒」，因為他也學著練習怎樣才能做到真正的「心靜自然涼」。

禪的含義

釋然一直在想師父昨晚給大家講的那個故事。

昨晚像往常一樣，大家聚在佛堂內聽師父講故事。當師父講到釋迦牟尼在菩提樹下打坐七天七夜參禪時，釋行忽然問道：「師父，我一直有一個疑問。我們每天說『修禪』，可是禪就是什麼呢？為什麼我既看不到，也摸不到呢？」

這個問題釋然也曾想過很多遍，只是一直沒有勇氣問出口。因此作為佛門弟子，每日做的就是修行、參禪，然而自己卻不知道禪的真實含義，這樣的問題問出來，難免會讓人覺得自己不配成為佛家弟子，釋然總是安慰自己，自己每天這樣勤苦用功，總有一天會明白的。沒想到釋行小師弟率先將問題問了出來，於是釋然連忙豎起耳朵，生怕錯過任何一句重要的內容。

對於釋行的問題，師父摸著鬍子許久，才點了點頭說：「我們的釋行終於學會思考問題了，我看擇個日子，釋行也跟著大家一起上早課吧。」釋行沒想到一個問題，為自己換來這樣一個結果。如果師父不想告訴自己，大可以不必說，為什麼要

用上早課來懲罰自己呢？釋行越想越委屈，眼眶裡逐漸溢滿了淚水，但是又不敢流出來。釋然看在眼裡，卻又不知道該如何安慰，因為釋然也不知道師父是說真的，還是在故意逗釋行。

看著釋行要哭的樣子，師父和兩個師叔立刻笑的前俯後仰。「釋行啊，你哭也是沒有用的，你的師兄們像你這般大的時候，早已經開始上早課了。只是我師兄見你一直貪玩，心思很少放在修行上，所以才一直縱容著你。今天你能問出這樣的問題，說明你進步了，是該跟著上早課了，等你每天跟你的師兄們一起打坐上早課，你就知道什麼是『禪』了，哈哈……」戒嚴師叔說。

「可是，師父，我一直打坐，卻也沒有參透什麼是『禪』。」眼看著馬上就要知曉的答案可能被這樣一笑帶過，釋然自然是不甘心的，於是連忙用小到自己都快聽不到的聲音對師父說道。

師父顯然沒有料到這個問題困擾的不止釋行一個人，既然如此，師父對大家說：「那為師就給你們講個故事吧，但願聽完這個故事，你們就能明白什麼是『禪』了。」

師父頓了頓，喝了口茶，然後換了一個更加舒服的姿勢，開始講起了故事。

「從前有一個小偷，漸漸老了以後，他的兒子對他說：『父親，你年紀大了，不如把你的偷盜技術傳授給我吧，這樣有一天你不在了，我也好有養活自己的本領。』

兒子說得合乎情理，小偷無法拒絕，只好答應了自己的兒子。於是一天夜晚，他將自己的兒子帶到了一戶有錢人的家裡，然後用他多年歷練出來的偷盜本領，將一個櫃子的門打開了，接著讓他的兒子鑽了進去。

他的兒子乖乖的聽了父親的話，卻沒想到他一進去，父親就將櫃子的門鎖上了，然後他就聽到父親大著嗓門喊道：「有賊啊——進賊了——快來捉賊啊！」

這家人聽到有人喊捉賊，立刻找來了許多家丁，挨屋查看，結果發現什麼東西都沒丟，而且也沒有看到小偷的影子，於是就回去睡覺了。這個兒子躲在櫃子中不知道父親究竟用意何在，但是不管父親有何用意，他的當務之急就是先脫身。鎖在外面，怎麼出去成了難題。

忽然，這個兒子想到了一個絕妙的主意，他學起了老鼠撕咬衣物的聲音。這聲音被一個丫鬟聽見了，丫鬟連忙將櫃子打開。兒子就趁著這個機會從櫃子裡逃了出來，飛也似的跑了出去。丫鬟一看果真有賊，大聲喊叫起來，並召集了很多家丁對小偷的兒子緊追不捨。

小偷的兒子跑著跑著，跑到了一條河邊，可是他不會游泳，眼看自己就要被人

追上了，他再次靈機一動，搬起了一塊大石頭，用力扔進了水裡，然後自己躲進了旁邊的草叢中。追趕的人遠遠聽見一聲跳水的聲音，便以為小偷跳河逃跑了，於是放棄了追捕。小偷的兒子就這樣脫身了。回到家中，他埋怨父親不該將他鎖進櫃子中，並將自己逃脫的過程告訴了父親，父親聽後很是滿意，對他說道：『你以後不愁養不活自己了。』

你們一直糾結於到底什麼是『禪』，其實『禪』很簡單，就像那個小偷的兒子一樣，從沒有辦法中，思考出辦法，那就是『禪』了。

聽完這個故事後，雖然釋然並不贊同小偷父親教自己的兒子繼續做小偷，但是卻很佩服小偷靈活的頭腦。同時，也有那麼一點點明白了禪的含義。再看看釋行，似乎還是一頭霧水得樣子，看來只有上早課打坐才能讓釋行真正的明白禪的含義呀。

師父請來的貴賓

盛夏的午時，是最難熬的時候，可偏偏還要值殿，今天輪到釋然。吃過午餐，大家都回到房間睡午覺了，釋然卻不得不邁著相反的步子去大殿誦經。

此時的大殿，在太陽的炙烤下，悶熱極了，釋然坐在蒲團上，剛念了幾句經，豆大的汗珠就從額頭上流了下來。誦經的心情本就被汗水沖的所剩無幾，寺院裡大槐樹上的知了偏偏也來湊熱鬧。釋然每敲一下木魚，外面的知了就「知了知了」的叫個不停，那節奏彷彿就像在跟釋然對話，釋然「說」一句，知了「說」一句，釋然覺得實在沒有辦法靜下心來誦經，「要是能把知了趕出寺院就好了。」釋然正這樣想著，突然院子裡傳來了釋行的聲音。

「釋恩師兄，你就快抓到牠了，加油啊。」

儘管釋行竭力壓抑自己的聲音，但釋然還是一下子就聽到了，他們不睡覺在搞什麼鬼？釋然滿腹狐疑的走出大殿。只見釋恩師兄整個人攀在樹上，手上拿著一根竹竿，正在弄什麼東西。釋行則站在樹下，聚精會神的看著，嘴裡說著「左邊一點……

右邊一點……」提示著釋恩師兄，就連釋然站在他身邊，他都沒有覺察到。

釋然抬頭一看，原來釋恩師兄正在用竹竿抓知了。想必是釋恩師兄和釋行被知了的叫聲吵得睡不著覺，所以決定將這煩人的知了解決掉。

「終於捉到牠了。」釋恩師兄說著，從樹上跳了下來，他手上的竹竿的另一頭，果真黏著一隻知了，而且還在「知了，知了」的叫著。

知了是逮著了，可是該怎麼處置呢？釋恩和釋行犯了愁，出家人不得殺生，可是除此之外還能有什麼辦法不讓牠開口呢？這知了的嘴巴又不是釋行的嘴巴，說捂就能捂住。於是，他倆將目光投向了一直沒有說話的釋然身上。

「釋然師兄，你說我們該怎麼處置牠？」釋行問道。

「要不我們把牠放到寺院外面去？這樣再怎麼叫我們也聽不到了。」釋然想了想，認為除此之外，再也沒有什麼好辦法了。

「可是……誰去送呢？這裡我最小，一個人出寺院的大門，實在太不安全了。」釋行說完，身子也往後縮了縮。在廣緣寺，誰不知道沒有師父點頭同意，是不能隨便出廣緣寺的寺門的，所以釋行一聽到要將知了放到外面，立刻想將自己置身事外。

釋然聽了，無奈的搖搖頭，這個小師弟，從來都是這樣「貪生怕死」，可自己又何嘗不是呢？況且自己還有「任務」在身，如果被師父發現自己不好好值殿，反而捉知了，那不管是什麼原因，都免不了一頓責罰了。

於是，釋然把求助的眼光望向釋恩，在釋然心裡，釋恩一直是有擔當的，知了是他捉住的，那麼也理應由他進行處置。然而，還沒等釋恩師兄開口說話，他們三個就聽到另外一頭傳來師父的咳嗽聲。循聲望去，師父早已站在禪房門口看向這邊了。而一向在這個時間呼呼大睡的釋界此刻正蜷臥在師父的腳邊，眯著眼睛看著他們三人。

「師父。」釋然他們三人異口同聲的叫道。

「你們在做什麼？」

「師父，樹上的知了總是叫個不停，把師兄弟們都吵得沒辦法睡覺，釋然師兄也沒辦法靜心誦經。佛門之地，理應清淨，所以我們打算把知了放到寺院外面去。」釋行搶先說道，為了證明自己是出於好意，連釋然也捎帶說上了，這讓釋然哭笑不得。

「哦，是這樣啊。那你們可知，這知了可是我請來的貴客。每當我誦經時，牠都為我伴讀，你們難道準備把我的良師益友趕到外面去嗎？」師父的回答讓每個人都吃了一驚，大家還沒聽說過請一個知了當貴賓的道理。

「貴賓？」釋然三人不禁脫口而出。「知了難道也有佛性嗎？」最小的釋行追問道。

「難道沒有嗎？」師父反問道，「牠耐得住寂寞，在炎炎夏日清音長鳴，跟我們誦經有何分別？你們誰又做到如牠一般執著了？」師父說完，依次看向他們三人。

釋然自知理虧，低著頭不語，心中暗自反省：耐住寂寞，清音長鳴，如此說，這簡單執拗的知了，說不定還真是蟲界高僧呢！

再看釋恩，手捧著師父請來的「貴賓」，整個人凝固似的待在那裡，拿也不是，放也不是，難堪極了。

家產之爭

釋然常常想，如果自己有個百寶箱就好了，當自己衣服破了時，就可以讓百寶箱變出來一件新的，這樣自己就不用像現在這樣，忍受著暑熱，坐在屋簷底下縫補衣裳了。

不過這樣的想法也只是偶爾想來，讓自己寬慰一下罷了，他並不是真的想要穿不盡的新衣服。事實上釋然並不是沒有新衣服穿，在他的衣櫃裡，還有兩件嶄新的衣服被疊放得整整齊齊。之所以還穿著這件補丁又補丁的衣服，只是因為師父曾經教導過自己，要懂得「惜福」。師父說，人這一生的物質享受是有限的，過多的浪費，會令自己的福氣也隨之減少。釋然覺得自己這一生還很長，不能提早將福氣用完。

就在釋然專心縫補衣服時，兩個男子抬著一個木箱吵吵嚷嚷的走進了廣緣寺，後面還跟著一個年過花甲的老太太。老太太邊走，邊用衣角抹著淚水。直到被針扎破了手指，釋然才回過神來，一邊念著：「阿彌陀佛，善哉善哉。」一邊連忙走上前去。

見到釋然。老太太哭得更傷心了，嘴裡反覆叨念著：「家門不幸呀，家門不幸呀……」釋然正準備安慰老太太幾句，就聽見其中一個胖胖的男子對他說：「小師父，勞煩你把大師請出來，我們有事情請大師出面做主。」釋然只好前往師父的佛堂，將正坐在菩薩面前念經的師父請了出來。

原來，這兩個男子是老人的兒子。那個胖的是大兒子，瘦的是小兒子。他們的父親臨死前，留下了這個木箱。但是卻沒有說木箱裡是什麼，裡面的東西分給誰，怎麼分？只說了一句這個裡面裝著一個寶貝，就撒手人寰。

為了財產所有權的歸屬問題，原本關係很好的兩兄弟竟然怒目相向，爭吵不休。這天他們二人又為了這個箱子裡的「寶貝」而互相叫罵。老大認為自己是長子，所以這個寶貝應該歸自己；而老二則認為，父親在世時，最疼愛他，所以肯定想留給他。年邁的母親面對兩個兒子的爭吵，難過不已，卻又無力制止。最後，只好將箱子搬上山來，讓菩薩來做這個「評判人」。

師父弄清楚了事情的來龍去脈後，雙手合十，打著佛號，說：「我看這等事情就不要打擾菩薩了吧。若是兩位施主信得過，就讓我來為你們做定奪，如何？」

「師父願意出面，那自然是再好不過，也省得我們兄弟二人抽籤決定了。」哥哥說。弟弟也隨之點了點頭。

「但是貧僧有一個要求，不管貧僧做出怎樣的決定，兩位施主都要接受，並且今後不得再為這件事情傷了兄弟之間的和氣。」師父要求到。

「沒有問題。我們既然來了廣緣寺，就是想將此事做個了結。」兄弟二人異口同聲的說。

得了兄弟倆的同意，師父附耳對釋恩交代了幾句後，釋恩就向齋堂走去了。過了一會，釋恩拿著一個火把出來了，就在釋然思考用火把做什麼時，釋恩已經將火把扔到了兄弟二人搬來的箱子上。木頭的箱子立刻就燃燒起來，兄弟二人連忙到處找水想要將火熄滅。豈料那箱子年數已久，木質早已經脆化，不一會就被燃盡了。

望著一地的灰燼，兄弟倆氣憤不已，指著師父罵道：「我們讓你分家產，你卻把它給燒了，你安的什麼心？」

「阿彌陀佛，善哉善哉，出家人以慈悲為懷，貧僧當然安的是好心。貧僧見兩位施主為了財產反目成仇，心中甚是難過。不管我將這財產分給誰，你們兄弟二人也不會像當初那樣相親相愛了。所以，貧僧才出此下策，將這個給你們帶來煩惱的東西給燒了，這樣就不會再有什麼影響你們兄弟之間的感情了。」師父並不理會兄弟二

人的大發雷霆，依舊慢條斯理的說。

兄弟二人聽了師父的話，想要反駁，卻發現毫無反駁之力。他們你看看我，我看看你，最後說了一句：「算了吧，反正也什麼都沒有了。回家吧。」

此時一直站在一邊看著一切發生的老太太，用她含著淚的雙眼，向師父投來感謝的目光。最後，兄弟二人攙扶著他們的母親在夕陽的餘暉中離開了。看著他們的背影，釋然想：就算那木箱裡真有什麼寶物，也燒的值了。別問釋然為什麼知道那箱子裡並沒有什麼寶物，去看看那一堆灰燼，就不難發現，那木箱裡面其實什麼也沒有。

背簍裡的石頭

在所有的勞作中，劈柴應該算得上是較有技術的事情了。首先，得拿捏好力度，力氣太小的話，就不能一下子將一根柴劈開，但如果力氣過大，又很容易將斧頭嵌入墊木中；要麼劈偏了，要麼碰倒了。最初劈柴時，釋然可是鬧出了不少笑話，甚至於還不小心傷到自己。不過現在的釋然已經掌握了劈柴的動作要領，劈了一下午柴禾的釋然，看著一堆的柴禾，心想：這應該夠用兩天的了。然後放下斧頭，用手將柴禾碼放整齊，就來到了師父的禪房。師父可是煮涼茶的好手，在這樣的午後，喝上一碗涼茶，再與師父談談人生，那自是再美好不過的事情。

「師父，你這煮涼茶的手藝是越來越好了。」釋然由衷的讚歎道。

「哈哈……那是我的師父教得好啊。」師父回答道。

「師父？師父的師父難道也經常煮涼茶嗎？」釋然問。

「我的師父呀，你也常見到，就是劉大娘呀。」原來師父跟釋然開了個小玩笑，他所說的師父，原來是教他煮涼茶的師父。

「那我可真想嘗嘗劉大娘親手煮的涼茶呢！」釋然滿懷憧憬的說道。

「哈哈，徒兒啊，你跟為師想到一塊了。」

意見達成一致的師徒相視一笑，放下手中的茶杯，向門口走去。這時，忽然走進來一個年輕的男子。他似乎有很多心煩之事，他說他原本是想隱居山林，但是卻意外看到了廣緣寺，於是便進來，希望能夠得到師父的點化，使他內心的痛苦得到解脫。

這個男子說自己已經三十歲了，古人說「三十而立」，可是他卻沒有什麼作為。身邊的朋友很多已經飛黃騰達了，因此在朋友面前他總感覺自己抬不起頭來。回到家後，上有八十歲的老母親，下有剛會走路的小兒子。每個月還要還給銀行很多錢，那是他買房時的貸款，所以他覺得生活的壓力太大了。

現如今，他的公司正在裁員，他感覺自己將會是被裁掉的那個人，心裡苦悶不已，不敢告訴任何人。末了，男子問師父：「大師，為什麼我們生活在塵世中的人要這麼辛苦？是不是出家了就解脫了？」

「施主的問題，貧僧無法用語言回答你。這樣吧，貧僧正打算跟徒兒出去一趟，不如你跟我們一道同行，如果回來後你還是覺得出家是種解脫，貧僧也不願意看到你在塵世受折磨，到時候定會為你剃度。」

師父的話讓釋然吃了一驚，自己只是跟師父下山去看劉大娘，這樣一趟行程能讓這個男子明白什麼呢？萬一男子還是想不明白，難道師父真的要收他為徒嗎？這會不會太隨便了。釋然可是聽說，當初釋恩師兄出家時，可是求了師父很久，師父才收他做徒弟的。如果師父真的收了這個男子為徒，自己是該稱呼他師兄呢？還是師弟呢？如果是師兄，他比自己後進佛門，按資歷不如自己高；如果是叫師弟，他比自己大這麼多，讓自己怎麼叫得出口呢？只一會的工夫，釋然的思緒就飄了很遠很遠，直到師父叫他的名字，他才從自己臆想的世界中回過神來。

只見那名男子已經背著一個竹簍站在大門前，準備與師父下山了，釋然忙不迭的跟在了後面。走了一會，師父就指著前方一條坎坷的小路，對男子說：「每當你向前走一步，就彎下腰來撿一顆石子放到簍子裡。」

男子雖然不明白師父這樣做的用意何在，但還是按照師父的指示去做了。當走到山下時，男子背後的竹簍裡，已經裝滿了石頭，壓得他只能彎著腰走路。

「施主，這一路上走來，你有什麼感受呢？」師父看著汗流浹背的男子問道。

「我感到越走越沉。」男子回答。

師父聽後點點頭，繼續說道：「我們每個人來到塵世上時，身後都背著一個空背簍，每在人生路上邁一步，就是從這個世界上撿一樣東西放進去。因此才會有越走越累的感覺。」

「那有什麼辦法，能夠減輕這種負擔呢？」男子連忙問道。

「辦法是有，就看你願不願意了。你願意將你的名聲、財富、家庭、事業、朋友拿出來捨棄嗎？」師父問道。

男子想了想，半晌後用堅決而肯定的語氣回答道：「不願意。」

「其實我們每個人的簍子裡所裝的，都是自己從這個世上尋求來的東西，一旦擁有它，就對它負有責任。得到的越多，負擔也就越大，但是據貧僧所知，還沒有人願意放棄這些。」師父看著男子的眼睛，然後問道：「怎麼樣，施主還想跟貧僧回去剃度嗎？」

男子一聽，連連擺手，說道：「聽大師一席話，我已經想明白了，並且還覺得生活雖然有負擔，但也是甜蜜的負擔。」

說完，男子將背簍拿了下來，交到了釋然的手中，告辭離開了。釋然注意到，他的腳步比他進廣緣寺時，輕便了很多。

小花出難題

小花給釋然出了個難題。

這小花是李三家的小女兒，與釋然差不多的年齡，釋界就是從他家抱養來的，也因為釋界兩個人成了很要好的朋友，每次下山釋然都會去找小花玩樂。那天，釋然帶著釋界下山去探望小花，離開時，小花給釋然出了一道難題，題目是這樣的「一隻牛，向東邊走了五步，又向南邊走了七步，然後又原地轉了一圈，請問牠的尾巴朝什麼方向？」

釋然想了半天，也沒有想出正確答案。回到廣緣寺後，釋然站在院子中，想到小花捂著嘴巴偷笑的樣子，發誓就算想破腦袋，也要將答案想出來。於是釋然找來了一根棍子，夾在了兩腿之間，然後學著牛的樣子，先向東走了五步，又向南走了七步，接著又原地轉了一圈，最後回頭看看棍子，是朝著「北方」的。正確答案應該就是「北方」了，可為什麼小花卻說不對呢？釋然百思不得其解。

「釋然，你腿夾木棍，是在練習什麼武功絕學嗎？」背後傳來戒緣師叔的聲音，

這個戒緣師叔總是愛開玩笑，這樣子能練出什麼武功絕學，釋然紅著臉將木棍放在地上。隨即想到，戒緣師叔遊歷四方，見過世面，所以也許能回答出小花的問題。於是連忙將小花給自己出的難題向戒緣師叔複述了一遍。

戒緣師叔一聽，哈哈大笑起來，笑得他的肚子一顫一顫的，許久才停下。「所以，你夾著木棍，是在模仿牛？」戒緣師叔指著地上的木棍問道，顯然，他已經將釋然剛剛的舉動全都看在眼裡了。

「嗯……正如……師叔所言。」釋然覺得很難為情，結結巴巴的回答道。

「哈哈哈……」釋然的回答，再一次引起了戒緣師叔一場大笑，甚至都有些笑得上氣不接下氣了，「釋然啊，平日裡看你挺聰明的，怎麼會做這等蠢事呢？請問你見過哪隻牛的尾巴像棍子一樣橫著長嗎？」

釋然仔細一想，可不就是嘛！雖然自己並沒有多少機會見到牛，但是偶爾經過田間，也會看上一兩眼，曾經還因為看見老農用鞭子抽打牛，而難過的掉眼淚呢。經過戒緣師叔這樣一提醒，釋然猛想到了，那牛尾巴一直都是向下長的，不管牛頭朝那邊，也不管牛身轉幾圈，牛尾巴始終都是那個樣子。

「哎呀！原來這麼簡單呀！我真是太笨了！」釋然拍著自己的腦袋，恨不得揪下兩根頭髮來，雖然他並沒有頭髮。「師叔，我這就下山去告訴小花正確答案。」釋然跟戒緣師叔打了一聲招呼，就向山下跑去。

小花見釋然想出了答案，有些不服氣，於是又出了一道難題給釋然，題目是這樣的「喝湯藥時用哪隻手攪拌會比較衛生？」

釋然一聽，看看右手，又看看左手，似乎哪隻手都很乾淨，但是又似乎哪隻手都不乾淨。就在釋然準備隨便挑一個的時候，忽然想起小花出的難題不會這麼輕易就答對，因此釋然轉念一想說：「用剛洗乾淨的那隻手比較衛生。」

這一次，釋然覺得自己肯定回答對了。卻不料小花依舊是捂嘴笑著搖了搖頭，表示釋然猜錯了。再次回到山上，釋然直接去找了戒緣師叔，將題目說給了戒緣師叔聽，戒緣師叔也像釋然一樣，舉起兩隻手看了看，然後對釋然說：「好像用湯匙比較衛生吧。」此話一出，釋然拍著腦門連連稱「是」，自己又被小花的問題給迷惑了。

「釋然，小花給你出的這些題目，叫做腦筋急轉彎。所以你在思考的時候，一定不能像回答正常的問題那樣去思考。」戒緣師叔向釋然傳授經驗道。

有了前兩次的失敗，釋然再一次站在了小花面前，這一次他信心滿滿，因為他已經找到了回答小花問題的竅門。卻沒有想到這一次小花的問題，跟前兩次的不太相

同，問題是「一個十斤重的鐵球和一個一斤重的鐵球，同時從高處落下，誰會先著地呢？」

釋然心裡反覆溫習戒緣師叔告訴他的竅門「不要用正常的思維去考慮問題」，可是卻依舊想不出來。雖然釋然並沒有上過真正的學校，但是他曾經跟釋行做過扔石頭的遊戲，不管他們拿的石頭是大是小，但如果是從同一個高度扔下，都是同時掉在地上的。如果是這樣的話，那兩個鐵球也應該是同樣的原理。可是，戒緣師叔說過不要用正常的思維去考慮，那自己想到的答案就不是正確答案。釋然再一次被難倒了，連勝三局的小花高興到不能自持，連連說改日上山，一定要將這件事情告訴師父。

再一次回到廣緣寺，戒緣師叔早已經等在院子裡了，見到釋然回來就立刻問道：「釋然，這次小花出的題目你想到了嗎？」

「沒有。」釋然噘著嘴回答道。

「哦？這次是什麼題目，說來聽聽。」戒緣師叔沒想到釋然又沒有回答出來。

釋然將問題複述了一遍，戒緣師叔想都不想的就回答說：「當然是同時著地啦。曾經還有一個十分偉大的科學家做過這個實驗呢！」

「這個答案我也想到了，可是你不是說不能用正常的思維去思考嗎？所以我覺得這個答案是錯誤的。」

聽到釋然的回答，戒緣師叔的嘴巴張了合，合了又張，最終哭笑不得的對釋然說：「我真得感謝小花，幸好她不是『問我和你同時從懸崖跳下，誰先著地』，否則，我就得陪著你去跳崖了。哈哈哈……」戒緣師叔的笑聲令釋然感到莫名其妙，但是緊接著戒緣師叔又繼續說道：「你一定在怪我為什麼那樣教了你，自己卻不去遵循。可是傻孩子呀，世間萬物豈能是處在不變之中呢？遇事要曉得隨機應變才是呀！」

說完，在釋然的頭上輕輕拍了兩下，似乎再試探釋然的大腦袋開竅了沒有。

消失的綠豆糕

果然，沒幾天小花就上山來了。並且將她與釋然之間「機智問答」遊戲，原封不動的告訴給了大家，逗大家笑得前俯後仰。為了回報給大家帶來快樂的小花，釋行緊接著將釋然回來模仿牛轉圈以及戒緣師叔打趣他的話，也統統說了出來。逗得大家又是一陣哈哈大笑，只有釋然紅著一張臉，恨不得找個地洞鑽進去。

也許是這無聊的寺院生活太缺乏笑話了，所以這件事一直被大家笑了好幾天。直到另一個好消息傳來，大家才將這件事情告一段落。這個好消息就是王二要出遠門了，在出遠門之前他曾到廣緣寺祈求佛祖保佑他平安，因為這是他第一次坐火車，生怕自己出什麼意外。同時王二還許諾給大家，如果平安歸來，一定給大家捎禮物。

不知道是不是「禮物」在作祟，接下來的一段日子裡，釋然每天念經時，都會順便祈禱一下王二平安歸來。其實釋然更願意承認自己是因為心懷慈悲，才為王二進行祈禱的。因此仔細想來，王二這個人除了有抽菸喝酒這些佛祖不喜歡的嗜好外，其他地方還是不錯的。

或許是佛祖聽到了釋然的禱告，王二平平安安的回來了。一進廣緣寺，王二就將自己在外面的所見所聞告訴了大家。王二說火車特別特別長，跑起來「轟隆轟隆」的響，起初王二還以為要地震了，嚇得差點鑽到桌子底下去。說著，還將自己當時的樣子還原了一下，大家都被他那縮頭縮腦的樣子逗得哈哈大笑。

講完了自己的所見所聞，王二從袋子裡拿出了一個紙盒子，是他帶給大家的禮物，還未打開包裝，大家就聞到一股香甜的味道。一定是好吃的了，釋然看著釋行，這個小饞貓已經兩眼發光了。

在眾人期待的眼光中，王二將手中的盒子打開。在打開的那一剎那，王二原本笑容滿面的臉變得有些難看起來。原來王二給大家帶的禮物是綠豆糕，據說是他所去的那個地方的特產小吃，結果沒想到經過一路的顛簸，綠豆糕已經碎成渣了，而王二在打開盒子時，又不小心撒了一地，最終盒子中只剩下三塊完整的綠豆糕。

王二沒有想到自己的一片「好心」居然碎成了渣，不曉得佛祖會不會怪罪自己呢，王二站在院子裡一副欲哭無淚的樣子。師父只好安慰他道：「施主的一片佛心，佛祖已經感受到了。所以施主不必為此介懷了。」說完，師父將僅剩的三塊綠豆糕恭恭敬敬的供奉在佛祖前，然後又將掉了一地的渣子清掃起來，放到了釋界的飯碗

中。看著釋界將碗裡的綠豆糕渣舔得乾乾淨淨，坐在一旁的釋行恨不得自己也變成貓，只可惜他永遠也變不成貓。

然而更加折磨人的不是大家沒有吃到綠豆糕，而是吃不到綠豆糕，還要時刻聞著它香甜的味道。因為師父將綠豆糕供奉在佛祖面前，大家在佛堂裡念經的時候，綠豆糕的香味總是不適時宜的鑽進大家的鼻孔裡，不要說釋行，就連釋然都覺得自己肚子裡的饞蟲已經打起架來。晚上躺在床上睡覺時，釋然甚至都夢到了自己嘗到了美味的綠豆糕。

因為這個夢做得太過甜美，第二天一早釋然是被釋恩師兄揪著耳朵從被窩裡面拎出來。一進佛堂，釋然就發現了一個嚴重的問題，綠豆糕少了一塊。顯然大家都發現了這件事情，而師父正一臉鐵青的坐在蒲團上。難道是自己夢遊了，真的將綠豆糕吃掉了？釋然心裡打著鼓，坐到了自己的蒲團上。

早課結束後，釋行也被叫到了佛堂裡。

「是誰偷吃了綠豆糕，主動承認，為師可以考慮不重罰他。」師父的表情少有的嚴肅。

對於自己是不是真的夢遊，釋然無從考究。如果不是自己，那會是誰呢？釋然忽然想起前一天夜晚時分，釋行曾在睡覺前走出過禪房一次，過了很久才回去。釋然問他，他只說自己去上廁所了。難不成是釋行？釋然在心裡猜測到，他轉過頭偷偷看了一眼釋行，釋行一臉沒睡醒的樣子，絲毫看不出任何端倪。」

「師父，昨天王二施主走後，我就跟著戒嚴師叔去齋堂為大家準備齋飯了。然後就是跟大家一起在佛堂裡打坐念經。晚上聽您講完經，我就回禪房睡覺了，再也沒有出來過，所以不是我偷吃的。」釋恩師兄見大家都不說話，只好率先表明了自己沒有「作案時機」。

接著釋果也為自己辯解道：「師父，我雖然一個人清掃過佛堂，可是我可以對著菩薩起誓，如果是我偷吃了綠豆糕，我就變成一個連路都走不動的大胖子。」大家都知道釋果最介懷的事情，就是他是個胖子這個事實，所以詛咒自己變成個大胖子，可見釋果師兄很可能真的沒有吃綠豆糕。

現在就剩下釋然和釋行兩個人了。經過釋恩和釋果的辯白，釋行才發現供台上的綠豆糕少了一塊，也明白了此刻師父正在「捉拿」那個偷吃綠豆糕「饞嘴賊」。於是不等釋然開口，釋行就連忙為自己辯解道：「師父，肯定不是我，我就算去搶釋界的食物，也不會偷吃佛祖的東西的。」

現在就剩下自己了，釋然看看釋行，釋行的樣子完全不像是在說謊，大家都沒有偷吃，難不成真的是自己？可是自己也不確定，於是只好用蚊子叫般的聲音說道：「師父，也不是我。」

面對大家集體不承認的局面，師父很是生氣的說道：「既然都不承認，那就罰你們不許吃飯，直到偷吃的人承認為止。」

師父很少懲罰大家，集體懲罰還是第一次。如果沒有人承認，就要集體餓肚子了。大家你看看我，我看看你，似乎都在對對方說：「快點承認吧，別連累大家。」可是等了許久也沒有人承認。

眼看著吃早上齋飯的時辰已經過了，大家的肚子都餓得「咕嚕咕嚕」響，釋行已經快哭出來了。再這樣下去可不是辦法，釋然想：大不了自己承認好了，一個人受罰，總比大家都受罰得好。

經過強烈的思想掙扎，釋然終於鼓起勇氣對師父說：「師父，是我偷吃的。」卻沒想到佛堂的另一端也傳來了一模一樣的話語，而且是同時響起，是釋恩師兄，他們竟異口同聲的承認了是自己偷吃的。

這個局面師父也沒有料到，他看了看釋然，又看了看釋恩，皺著眉頭問道：「到底是誰？」

「是我！」釋然和釋恩再次異口同聲的回答道。釋果很快也明白了是怎麼回事，於是緊接著說：「師父，其實是我，你懲罰我吧。」

看著大家都承認是自己，釋行埋怨大家道：「難道是你們三個一起偷吃的？為什麼不分給我一點呢？」

就在大家為釋行的話哭笑不得時，戒嚴師叔抱著釋界走進了佛堂，「師兄，真正偷吃者在這裡，不是他們幾個。你看，證據還在嘴上呢！」說著，戒嚴師叔將釋界放到了師父的面前，師父一看，可不是，釋界的鬍鬚上還沾著綠豆糕的渣呢！

「哈哈……看來是我冤枉我的幾個徒兒了，該受到懲罰的原來是我。就罰我不准吃早餐吧。」說完，師父就閉著眼睛打起坐來，不論大家怎麼勸說，就是不肯去吃早餐。最終的結果是，這次原本不愉快的集體懲罰，反倒成了大家心甘情願的節省與修行。

生米，熟飯

釋然常聽到上山來的香客讚美山上的景色，白天的山上層林清秀，細流淙淙，恍如仙界幽境。但是到了晚上，山上本就人煙罕至，除了廣緣寺透露出的微光，基本可以說是伸手不見五指。再加上深山裡時不時傳來幾聲野獸的叫聲，絕對堪比任何一個恐怖片的場景，所以廣緣寺的僧人們很少在夜晚出門。

但凡事總有例外的時候。釋然與戒緣師叔到後山採藥，結果迷了路。而且又是陰天，根本無法辨別方向。更慘的是，隨身攜帶的乾糧也吃完了，最後兩個人只好餓著肚子坐在原地等。等什麼呢？戒緣師叔說：「等菩薩。」

當夜幕降臨時，一輪圓月升上了天空。戒緣師叔拍著大腿，高興的說：「釋然，走吧，菩薩來接我們了。」說完站起身，將僧袍上的塵土拍掉。原來戒緣師叔所說的「菩薩」是指月亮，然後根據月亮的方位，來判斷廣緣寺的方向。果真是經常外出遊歷的人，換做自己，一定想不到這樣的辦法，釋然在心裡對戒緣師叔讚歎道。

走在彎曲又狹窄的小路上，釋然心裡很是慌張，腳也跟著發軟，接連摔了兩個跟底是誰？」

「是我！」釋然和釋恩再次異口同聲的回答道。釋果很快也明白了是怎麼回事，於是緊接著說：「師父，其實是我，你懲罰我吧。」

看著大家都承認是自己，釋行埋怨大家道：「難道是你們三個一起偷吃的？為什麼不分給我一點呢？」

就在大家為釋行的話哭笑不得時，戒嚴師叔抱著釋界走進了佛堂，「師兄，真正偷吃者在這裡，不是他們幾個。你看，證據還在嘴上呢！」說著，戒嚴師叔將釋界放到了師父的面前，師父一看，可不是，釋界的鬍鬚上還沾著綠豆糕的渣呢！

「哈哈……看來是我冤枉我的幾個徒兒了，該受到懲罰的原來是我。就罰我不准吃早餐吧。」說完，師父就閉著眼睛打起坐來，不論大家怎麼勸說，就是不肯去吃早餐。最終的結果是，這次原本不愉快的集體懲罰，反倒成了大家心甘情願的節省與修行。

生米，熟飯

釋然常聽到上山來的香客讚美山上的景色，白天的山上層林清秀，細流淙淙，恍如仙界幽境。但是到了晚上，山上本就人煙罕至，除了廣緣寺透露出的微光，基本可以說是伸手不見五指。再加上深山裡時不時傳來幾聲野獸的叫聲，絕對堪比任何一個恐怖片的場景，所以廣緣寺的僧人們很少在夜晚出門。

但凡事總有例外的時候。釋然與戒緣師叔到後山採藥，結果迷了路。而且又是陰天，根本無法辨別方向。更慘的是，隨身攜帶的乾糧也吃完了，最後兩個人只好餓著肚子坐在原地等。等什麼呢？戒緣師叔說：「等菩薩。」

當夜幕降臨時，一輪圓月升上了天空。戒緣師叔拍著大腿，高興的說：「釋然，走吧，菩薩來接我們了。」說完站起身，將僧袍上的塵土拍掉。原來戒緣師叔所說的「菩薩」是指月亮，然後根據月亮的方位，來判斷廣緣寺的方向。果真是經常外出遊歷的人，換做自己，一定想不到這樣的辦法，釋然在心裡對戒緣師叔讚歎道。

走在彎曲又狹窄的小路上，釋然心裡很是慌張，腳也跟著發軟，接連摔了兩個跟頭。就在釋然摸著摔痛的屁股打算休息一下時，忽然聽到隱隱約約傳來「嗚嗚咽咽」的聲音，像小孩哭了卻被人捂住了嘴。這突如其來的聲音將釋然嚇了一跳，顧不上摔痛的屁股，連忙蹭到戒緣師叔的身旁，央求道：「師叔，我們快走吧。」

沒想到戒緣師叔卻打算去探個究竟，一時間釋然面臨著兩個選擇：一是跟著戒緣師叔一起去，二是原地等待。釋然衡量再三後，覺得還是跟著戒緣師叔比較安全。於是兩人深一腳淺一腳的循聲找去，終於在一個大坑旁找到了聲音的來源。

因為深山裡總有野獸出沒，所以獵人布置了很多陷阱，廣緣寺裡的僧人常在山中走動，自然知道哪裡有陷阱，哪裡是安全的。但是對於偶爾離開洞穴出來覓食的動物而言，這些危險都成了未知數。

借著微弱的月光，釋然看清是一隻小狐狸掉進了獵人的陷阱裡。這是一隻還未成年的小狐狸，個頭和釋界差不多，釋然猜想牠一定是趁媽媽不注意，自己偷跑出來的。一看到有人出現，小狐狸那雙晶亮的眼睛裡，立刻流露出求助的目光。作為出家人，又怎麼能見死不救呢？於是釋然與戒緣師叔合力將小狐狸救了上來，小狐狸的腿被獵人的夾子夾傷了，流了很多血，釋然連忙將自己的衣服撕下一塊，幫小狐狸止住血，然後帶著小狐狸回到了廣緣寺。

當釋然和戒緣師叔二人抱著一隻狐狸，滿身是血的出現在廣緣寺內時，著實把大家嚇了一跳。等看清身上的血不是來自二人時，大家又都鬆了一口氣。戒嚴師叔稍微懂一些跌打損傷的救治方法，所以釋然將小狐狸放到了戒嚴師叔的房裡。看著躺在桌子上的小狐狸，戒嚴師叔不停的搖著頭，最終說了一句：「這骨頭都斷了，死馬當活馬醫吧。」然後便敷上消炎止痛的藥、拿夾板固定、再包上紗布。

那一晚，小狐狸就在院子裡釋界的窩旁邊睡了一夜。釋然起初還會擔心釋界會欺負小狐狸，沒想到釋界根本不在乎院子裡有多了一個陌生的「朋友」，依舊像每天一樣，躍上屋頂，優雅的散步。

第二天下了早課，釋然就蹲在小狐狸身邊看牠的傷勢恢復得如何，但是似乎並沒有什麼進展。「師叔，你說小狐狸這條腿能保住嗎？」釋然問正在給小狐狸換藥的戒嚴師叔。

「我看啊，除非奇蹟發生。」戒嚴師叔下了定論。

「那就是好不了。」釋然有些莫名的難過。

「誰說的？」戒嚴師叔忽然回過頭來問釋然。

「你啊！你剛剛說除非奇蹟發生。」釋然有些懷疑戒嚴師叔時不時得了短暫性的失憶症。

「我是說除非有奇蹟發生，但是也沒有說好不了啊。」戒嚴師叔說。

「可是奇蹟的概率可以小到忽略不計啊。」釋然在這個問題上跟戒嚴師叔槓上了。

戒嚴師叔見釋然一臉的執拗，只好換了個方式說服釋然，那就是命令釋然幫他燒火做飯。

這一直都是釋恩師兄的工作，因此釋然做起來有些手忙腳亂。將生米放到鍋裡後，釋然就在戒嚴師叔的指揮下，一會添柴，一會煽火，一會加水，忙的釋然滿頭大汗之後，一陣米飯獨有的清香味從鍋裡飄了出來。

飯熟了。看著一大盆顆粒飽滿的米飯，戒嚴師叔對釋然說：「你看，讓生米變成熟飯，這不就是奇蹟的發生嗎？」

看著釋然不甚了解的樣子，戒嚴師叔又繼續說道：「之所以能發生這樣的奇蹟，全有賴你不停的加柴燒火，如果你因為累而中途放棄，那這奇蹟就發生不了了。」

這一次，釋然徹底的明白了，奇蹟能不能發生，關鍵還要看自己的努力。有了戒嚴師叔這句話，釋然更加用心的照顧起小狐狸來。還不到一個星期的時間，小狐狸居然能夠一瘸一拐的跟釋界在院子裡追蝴蝶玩了。又過了幾天，小狐狸居然可以歡

樂的奔跑了，完全看不出曾經受過傷的樣子。真如戒嚴師叔所說「奇蹟會發生」。

貼商標的蘋果

隨著一段時間的相處，釋然覺得小狐狸都已經成為了自己生活的一部分，但是師父說過「天下無不散之筵席」小狐狸終究還是要離開的。於是在一個陽光明媚的清晨，將小狐狸送回了山裡。小狐狸突然離開，讓每天都習慣於照顧牠的釋然有些空落落的感覺。該找些什麼事情做來填滿忽然空下來的內心才是，釋然忽然想起了一個人——住在後山寺廟裡的小和尚能忍。

與能忍的初次相遇，是釋然與戒緣師叔去後山採藥。第一次到後山，釋然半是興奮半是對未知世界的擔憂。那趟採藥之旅，釋然雖然沒有獲得藥材，但是卻意外的認識了當時正在山裡洗菜的能忍，並且還到能忍修行的寺院——天水寺做了一回客。

想來自從那次分開，兩個人便再也沒有見過面。正好今天寺裡也沒有什麼工作，自己為什麼不去拜訪一下朋友呢?釋然在寺裡找了一圈，也沒有找到師父的身影，只看見戒嚴師叔在寺後的田地中除草，於是對師叔說：「師叔，我想去拜訪一下

朋友。」

戒嚴師叔除著草，頭也不抬的問：「是去看小花嗎？我聽李施主說小花出遠門了。」

「不是小花，是後山天水寺裡的一個小和尚。」釋然接著又將自己與能忍相識的過程告訴給了師叔。師叔聽後，很贊成釋然去拜訪朋友，並從口袋中掏出了一些錢，放到釋然手上說：「去拜訪朋友，不能空手而去，你拿著這些錢買些禮物吧。」

釋然帶著錢來到了小鎮上，轉了一大圈，也不知道該買些什麼好。這時，忽然聽到一聲吆喝：「新鮮的大蘋果，今日剛到的貨。」買蘋果倒是個不錯的選擇，這樣想著，釋然走到了水果攤上。賣水果的老闆姓劉，平日裡廣緣寺的水果都是從劉老闆這裡買的。

在劉老闆的水果攤上，有兩種水果。一種是貼有標籤的，一種是不貼標籤的。根據劉老闆的說法，這貼了標籤的水果是進口的，也就是從外國買回來的，不貼標籤的水果是本土生產的，所以貼標籤的水果要比不貼標籤的水果貴一些。

師叔每次來買水果，都會買不貼標籤的水果，因為是給自己人吃，不需要那麼講究。但是釋然這次是拜訪好友，該買哪種水果呢？劉老闆似乎看出了釋然的猶豫，問道：「小師父，你是買來自己吃，還是送人啊？」

釋然脫口而出：「送人。」

「那你就買這種，有包裝，送人比較好看一些。」劉老闆說著，將一盒貼有標籤的蘋果擺放在釋然面前。

釋然拿起來端詳了一番，這盒裡的蘋果不但各個貼著印有外國字的標籤，而且看起來都是一樣大小，跟平時戒嚴師叔買的有大有小的蘋果不一樣，確實比較適合當作禮物送人。「那好吧，就這個吧。」釋然爽快的做出了決定，雖然在掏錢的那一刻釋然有些許心疼，但是送這個體面的禮物，釋然心裡還是很滿足的。

拿著蘋果，釋然很快就到了天水寺。能忍正在院子裡清掃，看見釋然進來，扔下笤帚就跑了過來，雖然只有一面之緣，但是在這深山老林裡交上朋友，那可是值得珍惜的緣分，所以釋然的到來讓能忍高興極了。釋然連忙將自己手中的禮物送上，能忍顯然也沒有見過這麼好的蘋果，連連道謝後，說道：「我要趕快洗一些，給佛祖吃。」說完，便將蘋果拿到了齋堂中，然後放在水中仔細的清洗起來。釋然見狀，連忙在旁邊幫忙。

然而，在撕掉蘋果上的標籤的那一刻，釋然原本很愉悅的心情頓時沉了下去，因

為幾乎每個標籤下面，都有一個疤。能忍也看到了，但是依舊不動聲色的清洗著，釋然感覺自己全身的血液都集中到了臉上，整個臉蛋紅得發燙。明明自己是想送一個體面的禮物，卻沒料到蘋果是壞了。萬一能忍誤會自己心不誠心，那可怎麼辦？釋然想要解釋，卻又不知道從何解釋起。

過一會，能忍就將蘋果洗好了，然後從中挑出了一個最好的蘋果，恭恭敬敬的放在了佛祖的面前。然後又挑出了一個比較好的，給他的師父送到了禪房中。最後挑出一個大的給釋然，自己拿了一個小的吃了起來。

「嗯，釋然，你買的蘋果真是又脆又甜，太好吃了。」能忍一邊吃著，一邊對著釋然誇獎道。能忍的情緒很快感染了釋然，兩個人邊吃邊聊起天來。從每天自己在寺裡都做些什麼，到寺裡都會來一些什麼樣的香客，還有自己透過師父學習到的佛法故事，兩人就宛如多年的知己一樣，有說不完的話。

不知不覺中，太陽就偏西了。釋然連忙向能忍告辭，一路小跑回到了廣緣寺。回來的第一件事情，就是對是兄弟們說了自己的「遭遇」，並且再三叮囑大家，以後一定不能買劉老闆家貼了商標的蘋果。

事情過了三四天後，王二提著一籃新鮮的水果來上香了，看著那一籃通紅誘人卻貼著商標的蘋果，釋然忍不住在心裡說王二不識貨。但是當釋然撕掉商標時，卻愣住了，王二送來的蘋果，雖然也都貼著商標，但是卻一點傷疤都沒有。釋然對自己回來後對劉老闆的大肆批評有些內疚了，看來並不能以偶爾的一次事件，就去否定一個人，釋然在心裡拿起一個蘋果，放在菩薩面前，默默的想著。

反寫的「佛」字

寺裡是沒有電視的，雖然有些與世隔絕之感，但是也遠離了塵世的紛擾，無形中為僧人們的生活增添了一分安寧。只是偶爾會聽一些香客提及到電視上面的內容時，釋然會流露出一絲嚮往，但很快會抑制住，因為師父說這是「貪念」。

可人總是對未知的世界充滿了好奇心，所以釋然總會有意無意的透過各種途徑收集外界的資訊，從而來了解那個未知的世界。在撿到香客遺留下的報紙之前，釋然認為塵世間應該是美好的，儘管也有小偷強盜這樣的壞人，但終究還是好人居多。但是看過這張報紙上的新聞後，釋然才發現，原來世界上還有如此醜陋的一面。

新聞內容是這樣的：

「一個盜賊潛入別人家後，將一個剛出生不久的小孩偷走了。但是事後因為小孩總是不斷啼哭，讓他覺得很麻煩，那人竟狠心將小孩掐死了。」

「這個人簡直太可惡了！」

「這種人就應該下十八層地獄！」

……

大家都對這個凶殘的人恨得牙根癢癢，紛紛為這個人想出各種惡毒的結局。只有一旁打坐的師父始終未發一言。

「師父，您曾說學佛的目的就是要普度眾生，如果我們還碰到這樣一個壞人，他已經喪失了人性，失去了做人的資格，那還要超度他嗎？」釋然問道。在釋然的心裡，只有那些好人才有資格得到佛祖的超度，像這般十惡不赦的人，枉生為人，不配被超度。

釋然的問題似乎也是大家內心所感到疑惑的，於是也紛紛問道：「是呀，師父，如果我們遇到這樣的人，還要超度他嗎？」

面對徒弟們的疑問，師父並沒有直接回答大家。而是站了起來，讓徒弟們跟著他來到了自己的禪房內，然後拿起桌子上的筆，在紙上反寫了一個「佛」字，然後問釋然：「徒兒，這是什麼？」

釋然看了看，如實回答說：「是一個字，只不過寫反了。」

「那它是什麼字呢？」師父接著又問道。

「『佛』字！」釋然毫不猶豫的回答。

「反寫的佛』字也算佛字?」師父又問道。

這一下釋然有些猶豫了,究竟算不算呢?釋然將求助的眼光望向自己的師兄弟,然而他們有的說「算」,又有的說「不算」。一時間,釋然也不知道到底是算還是不算,思量再三後,釋然認為既然寫反了,那就不是真正的「佛」字,所以應該不算。

於是回答師父說:「不算!」

「既然不算,那你剛才為什麼又說它是個佛字呢?」師父看著釋然的眼睛問。

「那……應該『算』吧!」釋然又改口道,卻沒想到師父並沒有就此罷休,而是繼續問道:「既然算是個字,那你為什麼又說它反了呢?」

這一次,不光是釋然,所有人都陷入了沉默中,不知道這個問題的正確答案究竟應該是什麼。

師父見大家都不作答了,開口說道:「正寫是字,反寫也是字。你說它是佛字,又說那是反寫的,是因為你心裡有真正『佛』的印象。如果你原來就不認識這個字,即使我寫反了,你也無法分辨出來,如果只教給你反寫的佛字,那麼你遇到正寫的佛字恐怕就要說是寫反了!」在師父這一段類似繞口令的話語中,幾個小徒弟似乎有所醒悟。

師父接著又說：「同理而言，好人是人，壞人也是人，重要的是你能夠認識人的本性。當你遇到惡人的時候，能夠想辦法喚出他的『本性』，本性既明，便不難度化了。」

聽了師父這席話，釋然頓時覺得先前的自己對「超度」看得太淺薄了。超度並不是只超度善人，惡人更需要被超度。世間生靈皆有佛性，惡人也是人啊！

釋然上學校

李三上山捎話來，他的女兒小花升入了高中，特地邀請釋然到她的新學校參觀。對於學校，釋然一直心存嚮往。雖然跟在師父身邊，釋然學習了不少知識，但是他還是想體驗一下真正的學校環境。在他們師兄弟四人中，只有釋果上過小學的學校。據釋果所言，在學校內，每天都有不同的老師給學生們上課，所講的內容也不同。不過釋果最感興趣的是下課時間，因為可以跟許多同學一起做遊戲。但釋果沒有上過高中，不知道高中的學校是什麼樣的。

在師父的意許下，釋然跟著小花來到了小鎮上的高中學校。那天，釋然特地找出了一件最新的衣服穿在身上，但是一身僧衣出現在學校裡時，還是引起了不少學生的關注，這讓釋然好不自在，偷偷看一眼身邊的小花，小花倒是一臉無所謂的表情，釋然頓時也放鬆了不少。

小花的學校還真不小，有三層樓高的校園。有教室，還有餐廳，尤其那廁所，可是比廣緣寺的又大又漂亮。參觀一圈下來後，就到了小花的上課時間，釋然本打算就此離開，但是小花卻執意讓釋然聽一節課再走。既來之則安之，釋然看著小花期盼的眼神，點了點頭。

這節課正好是語文課，講課的是一個頭髮稀少，戴著眼鏡，留著鬍子的老頭，如果仔細看，還有那麼一點點像師父。而且講課的方式也像師父一樣，什麼書都不拿，站在講台上就開始滔滔不絕的講起故事來。

故事的名字叫《為學》，聽起來像是講有關於學習的事情，但是內容卻講的是兩個和尚的故事。故事中，一窮一富兩個和尚都想要去南海，其中富和尚一直打算雇船去南海，但是一直都沒有去成。所以他認為窮和尚也一定去不了南海。卻沒想到窮和尚只帶了一水瓶和一個缽就出了門，並且在一年以後，順利從南海歸來。

語文老師講得聲情並茂，一堂課很快就結束了。在回去的路上，釋然反覆琢磨這個故事，為什麼富和尚那麼有錢，能夠雇船去南海，卻遲遲沒能去成南海？而窮和尚只帶了一個水瓶和一個缽就去了南海？看似可以成功的人卻失敗了，而看似不可能辦到的人卻成功了？這不就是老師在最後說的那句話嗎？人在學習的時候沒有容易和困難之分，用心去學了，即便是難題也會變得簡單，但如果不去學，那麼簡單的題也會變成難題。

想著想著，釋然忽然想到了自己，這段時間自己一直以毛筆不太好用作為藉口，遲遲不肯練字，原本打算在這個月月底就抄完的經書，也因為這個理由而遲遲沒有抄完，這樣想來，自己豈不就跟故事裡的富和尚一樣了嗎？

回到寺裡，大家連忙將釋然圍在中間，七嘴八舌的問有關學校的一切，「釋然，學校裡是男生女生坐在一起上課嗎？」「釋然，講課的老師長什麼樣子？」「學校有多大，有廣緣寺大嗎？」……

釋然一一回答了大家的詢問，還將自己在課上聽到故事分享給了大家。最後還特地強調了學校的廁所雖然又大又漂亮，但卻沒有廣緣寺的茅房打掃得乾淨，聽到這裡，大家都會心的笑了。終於，大家沒有問題了，釋然連忙走進了自己的禪房，拿出了筆墨紙硯，練起字來。

「釋然，怎麼不等買到新毛筆再練字了啊？」師父突然走了進來，問道。

「師父，不等了。」釋然像下了很大決心似的，回答師父。

「哈哈，看來這學校是沒有白去啊！」聽了釋然的回答，師父笑著離開了。

滿鎮花香

這趟學校之旅算是圓了釋然的一個夢想，這讓釋行羨慕不已。釋行很小便被送進了廣緣寺，據說是因為家裡太窮了，養活不起他，所以才請求師父收他為徒，因此釋行從來沒有進過學校。別看現在的釋行一副大喇喇的樣子，剛進廣緣寺時，他就像是一隻受驚的小貓，不敢跟任何人說話，只有在沒有人的時候，才會偷偷的問釋然：「你們會不要我嗎？」每每想到釋行那時候的眼神，釋然的心都會痛一下。不過好在隨著年齡的成長，釋行變得越來越活潑。

「師兄，你最喜歡什麼季節？」釋行雙手支撐著圓嘟嘟的臉蛋，仰著頭問釋然。這個問題釋行已經問過很多遍了，可是他似乎總是忘記。

「我最喜歡秋天。」，釋然深吸一口氣後回答，鼻子還能隱約聞到從寺院後面飄過來的菊花香，那是師父精心培育的菊花，這些天已經全部開放了。不僅師父每天都要走過去看一看，事實上，廣緣寺裡每一個僧人都會抽空去一趟師父的花田裡，看一看開得絢麗多彩的菊花，聞一聞沁人心脾的花香，似乎這一天的勞累都不復存在

了。就連來廣緣寺上香的香客，都忍不住問這菊香的來源。

後來，詢問漸漸演變成了索要，釋然也記不清是誰先開的口了，好像是劉大娘，又好像是王二，也好像是李三的女兒小花……總之，釋然記得那天師父從花田中選中了一棵開得最豔，枝葉最繁茂的一株菊花從地裡連根挖了出來，送給了那人，那人歡歡喜喜帶著花回到家後，消息就不脛而走了。從那以後，每天上山來的香客裡，總有那麼一兩個人向師父開口要花。而師父從來都是來者不拒，因為在他眼裡每個人都跟他很親近，都是與佛有緣之人。

漸漸的，釋然站在寺院裡時，再也聞不到那迷人的花香了。於是內心開始滋生出不滿來，不滿山下的村民們總是上山來要花，也不滿師父不懂得拒絕，原本屬於寺院的菊花，現在只剩下一兩株了，原本奼紫嫣紅芬芳四溢的花田，現在望去一片淒涼。可能大家也發現了這些，所以很長時間了，都沒有人再開口向師父索要菊花，而師父也把更多的心思放在照料那兩株菊花上。

這天，許久沒有到廣緣寺來的蘇大娘忽然上山了。蘇大娘第一次上山的情形，釋然還記得，那天是正月初一，一年當中第一次為眾生祈福的日子，蘇大娘卻在這個時候提出要剃度出家。結果在寺裡住了一晚後，蘇大娘卻自己想開了。那一次釋然得知蘇大娘是大學的哲學教授，很是後悔沒有與蘇大娘談論下佛法，但是這一次再見到蘇大娘，釋然一定要將上次的遺憾彌補回來。然而，蘇大娘此次上山的目的可不是談論佛法，而是向師父要花。

蘇大娘的孫女小蘭是個愛花之人，自打春暖花開，小蘭幾乎每天都會採一些漂亮的鮮花放在佛前，然而釋然有段時間沒見小蘭上山了。

「小蘭倒是很掛念你呢。」蘇大娘看見釋然後，對釋然說。

「多謝小蘭施主掛念，最近怎麼沒見她來廣緣寺呢？」釋然問道。

「她呀，整天蹦蹦跳跳的，把腳給扭傷了。那天你劉大娘去探望她，提到住持師父種了一塊花田，聽得她兩眼直放光。這不，我經不住她的哀求，只好上山一趟，看能不能向師父討一兩株，拿回去栽種在我家的院子裡。」蘇大娘說。

「啊！」釋然一方面為小蘭扭傷了腳自己卻不知道而感到慚愧，另一方面為師父僅剩的那兩株菊花感到惋惜，看來師父辛苦大半年的勞動果實，將要化為烏有了。

「蘇施主來得真是正好啊，貧僧的花田裡就剩下兩株啦，你再晚來一步恐怕都沒有了。」師父打趣道，那語氣彷佛是市井裡賣花的花農一般。

「是嘛，那我可要趕緊去看看，萬一去晚了，怕是看都看不到了。」蘇大娘一邊

笑著，一邊跟著師父向寺院後面的田地裡走去。

此刻師父的花田裡，只有兩株盛開的正燦爛的菊花，與周圍一片綠油油的田地相比，十分不相稱。蘇大娘沒有想到自己會看到這樣一幅荒涼之色，連忙雙手合十念道：「阿彌陀佛，善哉善哉。」然後轉身就要離開。

「蘇大娘，您不挖一株回去嗎？」釋然不解的問道，每一個上山來討菊花的人不都是這樣的嗎？讚歎完後，就立刻動手挖起一株，然後心滿意足的離開。

「我已經挖好了。」蘇大娘笑著說。

釋然看著蘇大娘空空的兩隻手，哪裡有菊花的影子，她分明還沒有挖，怎麼說自己挖好了呢？

「它在這裡。」蘇大娘說著，用手指了指自己的心口方向。釋然瞬間明白了蘇大娘的意思，心裡生出無限感激。

蘇大娘離開後，釋然對師父說：「如果每個人都像蘇大娘這樣通情達理就好了，這樣廣緣寺的花香味就不會消失了。」

「哈哈……徒兒啊，做人不能這樣小氣。如果菊花只是種在廣緣寺，那只有廣緣寺有花香，等你下了山就聞不到了。可是現在呢，菊花已經種滿了整個小鎮，今後不管你走到哪裡，都能聞到花香了不是嗎？」師父說完，對釋然露出了一個意味深長的笑容。

忽然間，釋然覺得像師父這樣大方，也挺好的。

太陽照不到的地方

又是忙碌的一天。因為今天釋恩師兄和釋果師兄出門幫師父做事了，寺裡只剩下釋然和釋行兩個小徒弟。

早晨打掃完院子、收拾好大殿門前香爐裡後，釋然又將整個供桌供台及上邊的香爐都擦得乾乾淨淨。以往釋行被指派的都是最輕鬆的工作，但是今天人少活多，釋行也意識到了自己肩負著「重大的使命」，於是也很賣力的工作。看著他撅著小屁股跪在地上擦地的樣子，釋然從來沒覺得釋行這麼可愛過。

午後，釋然蹲在大樹的陰涼下洗髒衣物，釋界蜷臥在一旁養神。這個釋界，冬天的時候，就會找太陽晒得最好的地方睡覺，但是到了夏天，就會找有陰涼的地方睡覺，甚至樹下都已經成了釋界的專屬「睡床」了。釋然正對著釋界感歎，釋行也端著一盆水，湊到了釋然面前。使原本就不大的地方，變得更加狹促了。

「釋行，你就不能換個地方洗衣服嗎?」釋然對釋行「侵占」自己的「地盤」頗為不滿，上午還覺得釋行可愛，現在覺得那個愛搗亂的小傢伙又回來了。

「只有這塊地方陰涼地最大呀，別的地方都放不下我，會把我晒中暑的。」釋行指著院子，振振有辭的對釋然說。彷彿這個院子中但凡還有一處陰涼，他也不願意跟釋然待在一處。

釋然一看，果真如此，偌大的院子中，只有這一處陰涼最大。太陽啊，你怎麼不少照一些地方呢？釋然抬頭看著刺眼的太陽，尋找答案。忽然間，他的頭腦中電光石火般出現了一句話：「佛光就猶如這院中的陽光一樣普照到施主。」

這句話是前一天師父對著一位中年的女施主說的。

那位女施主也算是廣緣寺的常客，每次來寺裡都會捐很多的香火錢，但同時也會跟師父聊很久。據說那位施主似乎有一位做官丈夫，可能是樹大招風的緣故，總有一些人嫉妒他們，然後透過各種手段舉報或是揭發她丈夫的一些行為。有一次這位施主驚慌失措的上山來，請求佛祖的庇佑，因為有人在她家的門口放了一隻血淋淋的死老鼠，嚇得她好幾天不敢出門。

這一次，好像是她的丈夫被人寫匿名信揭發了，遇到了一些麻煩。釋然不懂得什麼叫做匿名揭發，只是從這位施主的臉上看出，這件事情非同小可。因為她來的時候一臉的愁容。拜完菩薩後，就一直拉著師父說話，彷彿對佛祖不太放心，為了寬

慰她，師父指著院子對那位施主說：「佛光會像院子裡的陽光一般，普照到施主。」

那位施主聽後，終於放心的離開了。

當時站在他們身後的釋然聽到這句話，還覺得師父這句比喻實在太精妙了，但是現在卻發現不是那麼回事，因為不管太陽光再怎麼強烈，也總有照不到的地方，比如牆角處、樹根旁，難道是師父在敷衍那位施主嗎？

從來未對師父的言論產生過懷疑的釋然心不在焉的將手中的衣物洗完，然後來到正在打坐的師父身邊，小心翼翼的問道：「師父，您昨天說佛光就如院子的陽光一樣，可以普照到那位施主。可是今日徒兒發現，院子裡也有陽光照不到的地方，那還怎麼保佑那位施主呢？」

聽了釋然的問話，師父點了點頭，似乎對釋然的觀察力很滿意，然後睜開微閉的雙眼，看著眼前的菩薩，一字一句的說道：「如果想被陽光照耀，就只有站在庭院中間，如果一味的躲在角落裡，佛也沒有辦法啊。」

雜耍表演

劉大娘上山來告訴了大家一個好消息，小鎮上來了雜技團，就在街上表演，所以邀請廣緣寺的僧人們一同去觀看。常年深居在山中，僧人們的娛樂活動少得可憐，所以一聽到這個消息，釋行就一蹦三尺高，嚷嚷著：「師父，我想看！師父，我想看！」

釋然也想看，只是他不會像釋行那樣大聲喊出來，而是靜靜的在心裡等待著師父的回答。可是師父彷彿故意逗大家一樣，說話比平時足足慢了半拍：「為師認為……這是個千載難逢的好機會，所以不如我們大家一起去看看吧。」師父的話音剛落，大家就激動的鼓起掌來，釋然那顆懸著的心也放下了。

一行人很快便來到了小鎮的大街上，遠遠的就聽見喝彩聲。大家連忙加快了腳步，生怕錯過精彩的內容，就連一向愛吃的釋行，也對街邊的糖葫蘆視而不見了。來看雜耍的人還真不少，裡三層外三層的，釋然要用力踮起腳尖，才能將裡面的表演看清楚。

此刻正在表演的是「胸口碎大石」。只見一個壯漢躺在石板上，他的搭檔搬起一塊差不多有五寸厚的石板放在了壯漢的胸口上，然後舉起手中的鐵鎚，向壯漢胸口上的石板砸去。伴隨著人群發出的驚歎聲，那塊厚石板碎成了一塊一塊的，散落在地上。緊接著大家拼命鼓起掌來，並發出陣陣喝彩聲。躺著的壯漢一個鯉魚打挺，從石板上跳了下來，然後拿起一個破紙箱，一邊說著「謝謝」，一邊走向人群開始收錢。當然這收錢並不是強制性的，而是自願的，給多給少或者不給都可以。

這時釋然注意到，那個站在他身邊的男子，一直在不停的搖頭，彷彿對剛才的表演很不滿意。

「施主，您覺得不好看嗎？」釋然不解的問道，這人既然不愛看，為什麼還要站在這裡呢？占著位置，其他想看的人都看不到，比如身材比較矮小的釋行。

「沒有啊，我覺得很好看。」那人回答道。

「那施主為何一副悶悶不樂的樣子？」釋然越發覺得這個人奇怪了。

「我只是在想，為什麼那個大鐵鎚沒有將下面的人砸死呢？」

聽到那人的回答，釋然竟一時語塞，不知道該說些什麼了，於是只好專心看表演。

接下來表演者變成了一個猴子，猴子顯然是經過了良好的訓練，舉手投足之間都像極了人，那滑稽的樣子，引得大家不住的哈哈大笑。不一會釋然發現這個猴子還有個絕活，那就是走鋼絲。

小猴子在耍猴人的牽引下，走上了鋼絲，牠一副很小心的樣子，一步一步的向前走著。忽然猴子腳下一滑，差一點從鋼絲上掉下來。引得周圍人群一陣驚呼，但是小猴子馬上又重新保持了平衡，並且還向大家揮了揮手，那可愛的樣子瞬間又將人們逗笑了。但釋然注意到，那位站在自己身邊的施主，仍舊是一副不甚開心的樣子，就連師父都被逗笑了，這個人怎麼還不開心呢？

「小師父，你說牠怎麼就沒掉下來呢？」這一次那人主動對釋然說道，還未等釋然回答，那人又自言自語道：「真是沒意思。」說完，就背著手離開了。

雜耍表演結束後，天色已經有些晚了。釋然覺得自己的雙手鼓掌鼓得都紅了，釋行更是小臉熱得通紅。在回去的路上，釋然向師父提到了那個一直都沒有笑的人，師父長吁了一口氣說：「將自己的快樂寄託在別人身上，他怎麼能得到真正的快樂呢？」

釋然看看釋行，一路走著一路踢著路邊的石子，居然也玩得十分開心，釋然明白

了師父說的話，也明白了那個人為什麼不快樂。

偶遇虐貓事件

大家走著走著，忽然傳來一群孩子的歡呼聲，釋行忍不住循聲望去，緊接著就發出了「啊」的一聲，釋然回頭一看，幾個小孩子正在折磨一隻非常小的小貓。他們將繩子拴在小貓的身上，然後飛快的奔跑，可憐的小貓跟不上孩子們的速度，沒跑幾步就向前翻滾了過去，接著整個身子貼著地面，被繩子拉著前行。在坑坑窪窪的石子地面上，小貓的身體很快就被磨破了。但是牠還是努力想把套在脖子上的繩索弄掉，只是卻無濟於事。

孩子們終於跑累了，釋然以為他們會放過小貓，沒想到她們卻想出了更加殘忍的方式，就是一手牽著繩子，然後原地打轉。小貓很快由於慣性的原理，「飛」了起來，由於被繩子勒著脖子，小貓痛苦的閉上眼睛。

釋然再也看不下去了，大喊了一聲「住手」，然後跑上前去拉住了還在旋轉的小孩，小孩停下來了，小貓也隨即重重的跌落在地上。對於釋然的出現，幾個孩子十分生氣，指著釋然質問道：「你是誰呀？又不是你的小貓，別多管閒事。」

「小貓也是條生命，這樣殘害生命會得到報應的。」釋然盡量讓自己語氣平和的勸說道。

「什麼報應啊？我才不信呢！」小孩子們都不吃釋然這一套，將他的話當作耳邊風。於是釋然欲上手將拴著小貓的繩子搶過來，卻不料遭到了幾個小孩的推擠。就在釋然思量著是不是要還手之際，戒嚴師叔及時走了過來，師叔從口袋裡掏出了鈔票，然後對那些孩子們說：「這樣吧，這隻小貓我們買下了行不行？」

幾個孩子一看，連忙搶過鈔票，將小貓扔下就跑開了。釋然將已經奄奄一息的小貓捧在手中，看著小貓脖子處被繩子勒出的血痕，心裡難過不已。「師叔，我們救救這隻小貓吧。」釋然對戒嚴師叔說道。

此刻大家也都圍了上來，看到小貓緊閉著眼睛，肚子一鼓一鼓的，鼻子裡不斷噴出清涕來，還帶著一些血絲。釋行忍不住哭泣起來，用他那雙微胖的小手，輕輕的撫摸著小貓的頭部，似乎這樣就能減輕小貓的痛苦一樣。

「看這小貓的傷勢，恐怕我們也是回天乏術呀。」戒嚴師叔歎著氣說道。

「阿彌陀佛，善哉善哉。」師父看著可憐的小貓，雙手合十念著法號，釋然知道，這隻小貓恐怕是沒救了。果然，小貓很快就沒有呼吸。

就在這時，忽然從一扇門中衝出來一個老者，老者看著釋然手中的小貓，立刻呈現出一副氣急的樣子，伸手就打起釋然來，嘴裡還罵著：「身為出家人，你怎麼能這麼欺負一隻小貓呢？牠才剛剛出了滿月呀！簡直是太殘忍了。」

釋然一看老者誤會了自己，連忙為自己辯解道：「施主，不是我害了你的小貓，是我救了牠。」然而處在悲傷情緒中的老者怎麼不信釋然的解釋，「你還狡辯？我剛發現我的小貓不見了，出門就看見牠已經死在在你的手上了。」接著老者又不分青紅皂白，將矛頭對準了師父：「你是怎麼管教徒弟的？眼看著他殺生？」大家眼看著師父被責罵，都十分氣憤，但是師父卻一言不發，師兄弟們也不敢開口反駁。

老者將自己的一腔怒火發洩完畢，就從釋然手中搶過已經死去的小貓，嗚嗚咽咽的哭著離開了。

之前看雜耍的好心情，瞬間就消失到九霄雲外，原本還有說有笑的氣氛，也瞬間降至了冰點。就這樣一路無語的走回到了廣緣寺，釋然的心情糟糕透了，為什麼自己明明做了好事，卻要無故被冤枉，為什麼師父明明知道不是自己害死的小貓，卻不替自己辯解？

釋然的不快，師父絲毫不差的看在了眼裡，「釋然，你一定在責怪師父為什麼不

替你辯解對嗎？可是你想過了嗎？我們辯解有用嗎？」師父問釋然。

「也許不管用，可是解釋了總比不解釋好吧。就算那位老人不會感謝我們，至少也不會冤枉我們了。」釋然回到道，然後接著又忍不住抱怨道：「最可惡的是那群孩子，那樣殘忍的虐待小貓。那個老者也真是糊塗。」

「釋然哪。」師父的語氣忽然變得嚴肅起來，「我們僧人做事情憑的是自然的本心。如果你認為是好事才去做，並且妄圖讓別人感激你，那即便你做的是好事，也變得不是好事了。」師父說完，一手放在背後，一手撚著佛珠走了。

吃藕帶來的啟示

初秋是吃藕的季節，但釋然只知道世間有藕，卻不知道長什麼樣子，什麼味道。師父的故事中，曾經講到過藕，說藕長在很深的淤泥裡，但是本身卻不受淤泥的侵擾，很有君子之風。因此，釋然很想嘗一嘗如此有氣節的食物，會怎樣一種味道。只是小鎮地處北方，釋然一直沒有機會見到藕，更不要說吃到了。

這天，戒嚴師叔下山採購回來，給大家帶回來一種新鮮東西，就是藕。小鎮上第一次開始賣藕，大家都不知道怎麼吃，所以菜販進回來的藕眼看就要滯銷了，正巧戒嚴師叔經過，於是菜販半是施捨，半是處理，將藕賣給了戒嚴師叔。當戒嚴師叔背著半麻袋藕回到寺裡時，釋行看著藕的外皮上滿是泥巴，還散發著一股臭泥味，連忙捂著鼻子，一臉嫌惡的說：「師叔，你怎麼買這麼髒、這麼臭的東西回來吃呢？」

「哈哈，釋行，你不要只看它的外表。走，到齋堂把我的菜刀拿來。」戒嚴師叔心情很好，又繼續說道：「這藕可是個好東西，我還是到南方雲遊的時候吃過一次，

那清脆，至今難以忘記啊。所以今天在集市上看到了就想買回來給大家嘗嘗，原本以為會很貴，沒想到老闆根本賣不出去，所以就被我撿了個便宜。」

說話間，釋行已經將菜刀拿過來了。戒嚴師叔又拿來了一盆水，將一節藕放在清水裡洗了洗，那些泥巴便紛紛掉下。接著，戒嚴師叔又用刀輕輕的將藕外面那一層薄薄的外皮去掉，瞬間露出裡面雪白剔透的內瓤。

「哇，好白呀！」釋然和釋行都忍不住湊上前去，讚歎道。

「不但白，而且味道還不錯呢！」戒嚴師叔笑著說。

中午的齋飯，戒嚴師叔就證明他的言辭。切成薄片的藕，入口清脆，回味甜爽，吃完後大家都意猶未盡，戒嚴師叔見狀，眼睛早已經笑成了一道縫。

下午時分，釋然到半山腰去挑水。意外的在水窪中，發現了一些田螺。有時候釋行挑水，就會從水塘裡捉幾隻田螺回去玩，他把田螺放在地上，然後等著田螺露出觸角，就用手去抓田螺的觸角。但是釋行從來沒有成功過，因為他一碰到田螺的觸角，田螺就會把觸角縮回體內，不然就乾脆躲進硬殼裡，無論釋行如何焦急的呼喚，都不再出頭了。如果捉幾隻回去給釋行，釋行一定會非常開心的，這樣想著，釋然撿了兩隻田螺，放在了水桶裡。

果然，釋行一看自己有了「玩具」開心得不得了。這一幕正巧被路過的戒嚴師叔瞧見了，「釋行啊，你說蓮藕又臭又髒，其實這田螺還不比蓮藕乾淨呢！」戒嚴師叔指著釋行手中的田螺說道。

「怎麼會，我看挺乾淨的呀！」釋行舉起手中的田螺，對著陽光左看看，又看看，除了顏色是黑的，外殼還是很光滑的。

「不信，你把牠放到水裡，我有辦法讓牠現出『原型』。」戒嚴師叔賣了個關子。

等釋行將田螺放到水盆中後，戒嚴師叔點了一點香油在水裡。不一會，原本清亮的一盆水立刻變得十分渾濁。原來，在田螺看似乾淨的外殼裡，還隱藏著不少泥垢。

「師叔，為什麼明明田螺有堅硬的外殼，還有一個小蓋子，卻吃了這麼多的髒東西，但是蓮藕的皮那麼薄，身上還布滿了窟窿，卻能夠不受汙泥的侵染呢？」釋行皺著眉頭問道，他不敢相信，表面光滑被自己視為「好玩伴」的田螺，實際上還沒有那些滿身泥巴的蓮藕乾淨。

「外界的環境雖然對事物有一定的影響，但是卻不是絕對的。蓮藕外表脆弱，卻能夠出淤泥而不染；田螺雖然外表堅硬，但是內心軟弱無法抵禦汙泥的侵蝕。所以

說，不管外界環境如何，成為什麼樣的人，還是取決於你自己。」戒嚴師叔說完，雙手合十，打著佛號離開了。

「師兄，我不想再跟田螺做朋友了。」釋行望著還在不停往外吐黑泥的田螺，對釋然說道。

「那你就得負責將牠原路送回。」丟下這句話給釋行後，釋然轉身向佛堂走去。

「啊！為什麼是我？」釋行望著釋然的背影問道，只是他始終沒有得到任何的回應。

說「不」

由於戒緣師叔買回了太多的藕，所以接下來的一個星期裡，廣緣寺的僧人們頓頓齋飯都離不開一樣食物——藕。釋然覺得自己的臉都快吃成藕色的了，這蓮藕固然是好吃，而且戒嚴師叔也總能變化出不同的製作方式。可是連續這麼多日每餐都吃，釋然感覺自己真的吃膩了。

時近中午，趁著戒嚴師叔正在準備齋飯之時，釋然悄悄走到戒嚴師叔身邊，試探的問道：「師叔，我們中午吃什麼？」戒嚴師叔回頭一看是釋然，儼然吃了一驚，因為平時這個問題都是從釋行嘴裡問出來的。但隨即就恢復了正常，回答道：「糖醋蓮藕。」

「啊？」這是釋然最不願意聽到的答案，「我們能不吃蓮藕了嗎？都已經連續吃了一個星期了。」釋然盡量讓自己的語氣聽起來可憐一些。

「那不行，我買了那麼多，不趕快吃掉就會壞掉，那樣就等於浪費，會損了福報的。」戒嚴師叔一本正經的回答道，語氣不容置疑。

「可是……」

釋然的「可是」還沒有說出來，戒嚴師叔又接著說道：「釋然，去接受自己已經厭倦的事物，並重新喜歡上它，也是種修行哦。」

這下子，釋然徹底無言以對了，作為僧人，自己怎麼能拒絕跟修行有關的一切事物呢，所以自己只能堅持下去了。看著釋然掛著一張苦瓜臉坐在院子裡，釋行抱著一大盆衣服走了過來。

「師兄，我的好師兄，你就幫我洗洗衣服吧。」釋行央求釋然道。看著釋行存了一堆的髒衣服，釋然無奈的搖了搖頭，自己這個小師弟，什麼時候能不這麼貪玩呢？見釋然不為所動，釋行又開始撒嬌道：「師兄，如果我一個人將這些衣服洗完，那胳膊會累斷的。」釋行嘟著嘴說道，還把他的胖胳膊伸到了釋然的面前。

「這麼粗的胳膊，我覺得再多洗一倍，也不會斷的。」釋然反駁釋行道。但是話雖這樣說，釋然還是忍不住幫助了釋行，一來自己確實喜愛這個小師弟，二來讓釋行一個人洗這麼多衣服，雖然都是他自己的，釋然還是會心疼。

幫著釋行洗完衣服，時間就到了中午。齋飯果然還是藕，戒嚴師叔沒有騙自己，這恐怕是釋然生平第一次希望自己被騙。釋然看得出來，其他師兄弟也吃得很勉強的樣子。

「釋然，拜託你幫我個忙，幫我值下殿，我有事要下山去。」釋果師兄一臉哀求的對釋然說，面對釋果師兄的請求，釋然很想拒絕，可是釋然一想到平日裡釋果師兄對自己的照顧，又不好開口拒絕了，只好默許地點了點頭。

坐在空無一人的大殿中，釋然有些懊悔起來，自己本該在午休的。現在可好，幫釋行洗了半天的衣服不說，還要守在這裡值殿，如果自己當初拒絕就好了。可是，戒嚴師叔說過，去接受自己不喜歡的事物，也算是種修行。想到這裡，釋然只好安慰自己道：「就當是做修行吧。」

不過很快釋然就發現自己做錯了。

下午時分，師父將大家都叫到了一起，然後用嚴厲的眼神看著大家，問道：「今日是誰負責打掃茅房？」

大家都紛紛搖頭，釋然猛想起，是自己，而自己這一天幫完釋行幫釋果，完全將自己的工作給耽誤了。只能倒楣的認罰了，釋然低著頭從人群中站了出來。

師父沒想到怠忽職守的人竟然是釋然，語氣立刻柔軟了半分：「剛才有香客向我投訴說茅房太髒了，並質問我佛門淨地該如此汙穢不堪嗎？你說為師該怎樣

回答？」

「師父……是我忘記了。我……」釋然覺得自己百口莫辯，但又不得不為自己辯解一下，「我上午幫釋行洗衣服，中午幫釋果師兄值殿，所以……」

「幫助別人是好事，但是也要將自己的工作完成才是。」

「沒……沒時間……」釋然的聲音越來越小，就像是蚊子在哼哼。

「那你為什麼不拒絕呢？」師父問。

「我也想拒絕，可是戒嚴師叔要我把這當作修行。」釋然回答說，戒嚴師叔在旁邊聽得直瞪眼睛，怎麼也沒想起自己什麼時候這樣教過釋然。

「徒兒啊，『接受』是種修行，但學會『拒絕』也是種修行啊！為了彌補你的過失，接下來一星期，廁所的打掃都由你負責吧。」師父說完，返回佛堂打坐了。

釋然一邊用心清掃著廁所，一邊回想著這一天發生的一切，雖然做了很多事情，又被師父責罰，但是卻似乎收穫了很多。

天堂和地獄

戒緣師叔來到廣緣寺後，曾經開過兩節講經課，第一節課講的是關於前世今生的內容，第二節課講的是西方的極樂世界。這兩節課十分精彩，不光是廣緣寺裡的僧人，就連小鎮上的居民都聽得津津有味，兩節講經課下來，大家紛紛都在詢問，戒緣師叔什麼時候再給大家上講經課？

講經課如此受歡迎是戒緣師叔始料未及的事情，就連師父都打趣道：「果然是外來的和尚會念經呀。」戒緣師叔對於大家的誇讚很是不好意思，為了回報大家的厚愛，近日他決定再開一堂講經課。只是這次講什麼內容呢？這個問題可難倒了戒緣師叔。

「要不我們也來個現場問答吧。」釋然提議到，釋然記得自己曾經在王二的家中看到過電視機，當時電視機裡面在演一個節目，就是下面的嘉賓在現場提問一些問題，坐在台上的人隨機應變進行回答。

這種方式對於講經者而言，可是個不小的挑戰，一來考驗講經者的思維反映能

力，二來也對講經者的知識儲備要求很高，因為誰也不知道來者會問多麼刁鑽古怪的問題，一旦回答不上來，就會降低講經者在大眾心中的威信。

釋然只是隨口一提，他並沒有想到戒緣師叔居然一口答應了下來。「師弟，這可是個不小的挑戰啊，三思而後行。」師父發話道。

「師兄，我們每日念經打坐，是在提高自己的修行。去挑戰自己的極限，何嘗不是一種修行的方式呢。」戒緣師叔勸慰師父道。聽到戒緣師叔這樣說，師父認同地點了點頭。

到了那天，小鎮上的居民們早早就來到了廣緣寺，挑選一個最佳位置等著戒緣師叔開始講課。釋然因為下山去挑水回來晚了，竟然都占不到好位置了，不禁在心裡對戒緣師叔的受歡迎程度表示羨慕。

講經課就是按照「現場提問」的方式進行的，釋然在心裡默默為戒緣師叔捏著一把汗，祈禱著千萬不要有人故意出一些刁鑽的問題來問戒緣師叔。沒想到是怕什麼來什麼，第一個人問的問題，就讓釋然覺得難以回答。提問者是小鎮上賣豬肉的張屠戶，前兩節講經課，張屠戶都沒有參加，後來聽聞講經課十分精彩，所以這次他也來聽聽看。張屠戶說自己常年殺生，別人都說他將來死了會下地獄，所以他問戒緣師叔的問題是：「天堂是什麼樣？地獄又是什麼樣？是不是真的有十八層那麼誇張？」之所以這樣問，他只是想萬一以後真的會下地獄，至少有個心理準備。

張屠戶的問題一問出，大家就悄聲議論起來。有人說：「天堂的路都是黃金鋪成的，裡面的人不愁吃喝，每天都是快樂無憂的。而地獄的路都是釘子鋪成的，就是為了懲罰那些作惡的人。」還有人說：「張屠戶常年殺豬，他死後會進入地獄，然後來世變成豬，也要任人宰割。」……

面對大家的喋喋不休的議論，戒緣師叔盤坐在佛堂前的蒲團上，一手放在胸前，一手轉動著佛珠，沒有給出任何答案。漸漸的，人群的議論聲變小了，最後便沒有了，大家都等著看戒緣師叔會怎麼回答，可是戒緣師叔卻一直一言不發。

張屠戶等得有些失去耐心了，大聲的又問了一遍：「戒緣和尚，你倒是說話呀！我問你天堂什麼樣？地獄又是什麼樣？」

對於張屠戶的再一次提問，戒緣師叔就像沒有聽見一樣，仍舊一動不動的坐著，釋然等得都有些著急了，難道戒緣師叔被這個問題難住了？這個問題確實不好回答，因為誰也不知道天堂和地獄究竟是什麼樣子，所以怎樣的回答才能讓大家信服還真是個難題。

見戒緣師叔仍不作答，張屠戶有些生氣了。指著戒緣師叔說道：「你這個和尚，到底是知道還是不知道，讓我們大家來聽講經，隨便問問題，卻又一言不發，你是故意在令我難堪嗎？」

然而，戒緣師叔只是漸漸的睜開雙眼，嘴角露出一絲微笑，還是沒有回答張屠戶的問題。在張屠戶的眼中，戒緣師叔這一微笑，似乎就是在嘲笑他的無知，因此立刻火冒三丈，也顧不得院子裡還坐著許多鄉里鄉親，對著戒緣師叔就大聲咒罵起來。

等張屠戶罵累了不再罵時，戒緣師叔看著他的眼睛，說道：「施主，剛才你就身處在地獄之中。」

霎時，張屠戶驚愕不已，待他反應過來時，頓時對戒緣師叔這個外來的和尚肅然起敬，並對自己先前的行為懊悔不已，為了表示自己的歉意，他深深的給戒緣師叔鞠了一個躬。

「施主，這就是天堂。」戒緣師叔對著已經一臉誠懇表情的張屠戶說道。

話音剛落，院子裡就想起了持續不斷的掌聲。釋然在長長的鬆了一口氣後，不禁對戒緣師叔的應變能力佩服得五體投地。

答錄機引發的矛盾

釋恩和釋果吵架了，而且差點大打出手。雖然釋然也見過幾次大師兄和二師兄之間出現爭執，但是這絕對是最厲害的一次。看著已經跪在佛堂裡四個時辰的兩位師兄，釋然忍不住想：這一切都是因為王二。

事情要從三天前說起。那天王二來廣緣寺拜佛，同時還拿了一件稀罕玩意——答錄機。再此之前大家只有在去小鎮上時，偶爾聽見一些店裡飄出音樂的聲音，但是卻從來沒有見過答錄機。在廣緣寺裡唯一的「電器」就是師父那台破舊的收音機，偶爾大家會用它來聽聽新聞，有時候運氣好，還能在廣播裡聽到《大悲咒》等佛教音樂，但是這樣的時候太少了。因此，當王二將答錄機拿出去來時，大家都一窩蜂般圍在了王二身邊，見此景的王二得意的合不攏嘴。

「師父，我專門到城市的音響店裡買了幾卷佛教音樂的錄音帶，您看看。」說著，王二從隨身的包裡拿出錄音帶來，放在師父的手中。

然後又繼續解釋道：「只要將錄音帶像這樣放到答錄機裡，再按下播放鍵，就能

聽了。」大家看王二展示著，果然，在王二按下播放鍵時，優美的《大悲咒》就從答錄機裡傳了出來。

「師父，以後我們每天都能聽《大悲咒》了嗎？」釋行踮著腳尖，昂著頭問師父。

「哈哈，不錯，不錯，以後我們廣緣寺就音樂不斷了。」師父摸著鬍子，笑著回答釋行。

當天，廣緣寺裡一直飄蕩著《大悲咒》、《心經》、《南無阿彌陀佛》……釋行每隔一會就趴到答錄機旁邊看一看，嘴裡自言自語道：「它這樣一直唱，不會累嗎？」那天真的模樣，令大家忍俊不禁。

後來，大家覺得只是白天放在佛堂裡聽音樂不過癮，所以想辦法說服了師父，每天晚上上完晚課，大家可以輪流著將答錄機拿到自己的禪房裡繼續聽。

矛盾就在這時候產生了。第一天答錄機被拿進了釋恩和釋果的房間裡，兩個人都想將答錄機放在自己的床頭。釋恩師兄給出的理由是，自己的床離電源更近一些，方便使用。但是釋果卻認為自己的床更加靠近裡面，這樣在播放音樂的時候，不會吵擾到大家。他們兩個人各執一詞，誰也說服不了誰。最後一言不合，推擠了對方，不小心碰到了答錄機，答錄機被重重的摔在了地上。

大家聽到聲音後，連忙跑進釋恩和釋果的房間裡，將馬上就要打起來的二人拉開了。師父並沒有過多責備他們，而是讓他們跪倒佛堂去對著菩薩反省。

然後，四五小時過去了，釋恩和釋果從天黑跪到天亮，誰也沒有主動向對方開口認錯。釋然在心裡為他們捏把汗，後來師父將二人喚出了廣緣寺，來到了田地裡。

大家種的莊稼都已經一人多高了，師父指著釋果種的向日葵，問二人道：「你們看那些向日葵，為何低著頭？」

「這……」釋恩和釋果你看看我，我看看你，誰也說不出個所以然來，因為在前幾天那些向日葵還是抬著頭，接受著陽光普照的。

「向日葵抬著頭，是因為它要接受陽光的普照，才能成熟結果。但如果向日葵的頭一直朝上，那麼裡面多餘的雨露就排不出來，很容易滋生細菌，等不到收穫時節，它就會發黴爛掉。而它選擇在快要成熟的時候低著頭，不但能夠有效的避免被折斷的危險，而且還讓前來尋食的鳥找不到著力點，從而保存了自己好不容易長出的果實。做人也是如此，不可無傲骨，但也不能總是昂著頭。能低者，方能高；能曲者，方能伸；能柔者，方能剛；能退者，方能進。」師父的一席話說完，釋恩和釋果都低下了頭。

釋恩做噩夢

對於這場由答錄機引發的矛盾，釋然除了擔心兩位師兄受到師父的責罰外，最擔心的就是答錄機被摔壞了。不過還好，答錄機只是多一道劃痕，絲毫不影響大家繼續聽音樂。這天，釋然和釋行一邊坐在佛堂外聽《大悲咒》，一邊等著外出的釋恩師兄回來。

釋恩師兄是幫戒嚴師叔下山買菜去了，但是及至傍晚都還沒有回來，大家很是擔心，戒嚴師叔更是急得在院子裡團團轉。終於，在月亮升上樹梢時，釋恩師兄回來了。原來他在小鎮上看到劉大娘家正在買煤，就順便幫劉大娘將煤都抬進了院子裡，耽誤了回寺的時間。本來幫助了劉大娘是件好事，可是釋然發現釋恩師兄的眼睛總是躲閃著大家的目光，似乎在隱瞞什麼。

夜裡，釋然睡得正香，忽然被「啊」一聲大叫驚醒，聽聲音像是從釋恩師兄的禪房裡傳來的，釋然正欲起床看個究竟，結果又沒有動靜了。不一會，佛堂裡傳來了木魚聲，並且一聲急促過一聲，這敲木魚的人心裡怕是有什麼苦悶了吧，釋然想著想著，重又進入了夢鄉。再次醒來時，天際已微露出魚肚白，天亮了，佛堂的木魚聲也已經消失了。

估計一會師父的木魚聲就該響起了，釋然穿上衣服，盥洗完畢後，就向佛堂走去。只見釋恩師兄已經坐在佛堂內打坐了。

「師兄，你今天起得可真早啊！」釋然對著釋恩說道，他原本以為自己會是第一個呢。

「我不是早，是已經在這裡坐了一夜了。哎……」釋恩說道，聲音裡滿是惆悵。

看來昨晚那急促的木魚聲出自釋恩師兄之手了。「師兄，你有什麼心事嗎？從昨天晚上回來整個人都不太對勁。」釋然關切的問道。

「昨晚我著急趕回寺中，但是天黑路滑，我不小心踩到了一個軟綿綿的東西，然後就聽見『唧』的一聲，當時我也並未多想。但是晚上躺在床上時，回想起那一幕，忽然心裡一驚，我踩到的東西軟綿綿的，還發出了叫聲，越想越覺得是一隻青蛙。說不定青蛙的肚裡還懷著小青蛙。這樣我就等於殺生無數了。所以我越想越害怕，躺在床上翻來覆去，久久無法入睡。好不容易睡著了，卻又做了個噩夢。夢裡菩薩說我犯了殺戒，要將我逐出師門，我就嚇醒了。這個夢讓我心裡煩躁不已，所以只

好來佛堂念經靜心了。」

「現在天已經亮了，師兄為何不去看個究竟呢？或許一切只是你自己的揣測。」釋然勸說道。

「我怕萬一真的是青蛙，那我的罪過可就大了。」釋恩很為難，既想探出個究竟，又怕自己接受不了現實。

「如果你不去看，那這一生你都要被這個問題困擾了。」

聽了釋然的話，釋恩站了起來，向門外走去，釋然緊跟釋恩師兄的身後來到了昨夜的「事發現場」。只見一顆被踩扁了的番茄躺在地上，這恐怕就是釋恩所說的「青蛙」了吧。

「啊，原來我自己手中的番茄掉在地上了，又被我不小心踩到。哈哈哈……」看著那個已經被踩爛的番茄，釋恩大聲的笑了起來。

等他們有說有笑的走回廣緣寺時，師父已經坐在佛堂內了。釋恩將所發生的一切原原本本的告訴了師父。

「徒兒，我們修行，是為了什麼？」師父問道。

這，釋然和釋恩一時間不知道該如何回答了。修行不是為了成佛嗎？或者說為了成為大師，但是這樣的話能說出口嗎？

見二人不說話，師父又繼續說道：「我們修行，是為了忘卻情念。如果說釋恩以為自己踩死了青蛙，那天亮一看卻是番茄；如果說是番茄，那釋恩一整夜都誤以為自己踩死了青蛙。你們能說清他究竟是踩了什麼嗎？修行禪定，必須忘卻情念，不要顧慮重重，否則定會自找苦頭。也正所謂『天下本無事，庸人自擾之』啊。」

師父一席話畢，開始敲起了第二遍木魚。

對與錯

小鎮上一戶人家家裡失火，男主人只救出了兒子，妻子不幸被燒死了。

每一個上山拜佛的人，都會將這件事情再說一遍，然而每個人所說的版本卻又不盡相同。釋然總結了一下，大致分為兩個版本：

第一個版本是，這個男子本就與妻子感情不好，所以才對妻子見死不救。為的就是妻子死後，自己再娶一個。

第二個版本是，這個男子與妻子感情很好，本想先救妻子的，結果因為他兒子抱住他不肯放手，所以耽誤了時間，導致妻子被燒死。

當這個消息傳到廣緣寺後，不管究竟是哪一個版本，大家心裡都感到十分悲哀，集體為那戶不幸的人家誦經半天。

就在釋然快要將這件事情遺忘時，那戶人家的男主人來到了廣緣寺，身後還跟著他剛滿五歲的兒子。男子滿臉鬍碴，眼神無光，比起釋然上次見到他的樣子，彷彿在一夜之間就老了十歲。而他那五歲的兒子，原本也是個可愛伶俐的孩子，但是現在卻多了一分不符合他年齡的憂鬱。想必他們一定是在為死去的親人難過吧，釋然想。

男子一進了佛堂，就跪在菩薩面前，說道：「大慈大悲的菩薩，請你告訴我，我究竟是做對了？還是做錯了？」接著，聲淚俱下的將失火那天的情景說了一遍，內容卻不同於釋然之前聽到的那兩個版本。

原來，那日失火，男子在情急之下，將距離自己最近的兒子救出了火場，當他將兒子放到安全的地點，打算再次返回救妻子時，房子已經在大火的吞噬下倒塌，他的妻子葬身火海。事後，人們紛紛議論，有人說他做得不對，認為孩子可以再生一個，但是妻子卻不能死而復活。為了一個不足五歲的兒子，就棄髮妻於不顧，實屬薄情寡義之人。而有的人卻說他做得對，孩子是自己親生的，而老婆沒了，還可以再娶一個。

眾人的議論讓他也對自己的行為產生了懷疑，就連五歲的兒子都受到影響，覺得是因為自己媽媽才死掉了。為此，原本十分活潑伶俐的孩子變得越加沉默寡言，經常對著死去媽媽的遺像說對不起。

「師父，我到底是做對了？還是做錯了？如果做錯了，佛祖會寬恕我嗎？」男子

望著師父問道。

「貧僧想知道，在火災發生的那一刻，你是怎麼想的？」師父問道。

「當我趕回家時，房子已經在熊熊烈火中了，我連忙衝進火裡，看到了我兒子躺在門口，於是連忙就將他抱出來了。當時，我什麼都沒來得及想。」男子回答。

「施主，很多事情並沒有對錯之分。如果你當時稍有遲疑或是太在意別人的看法，或許你誰也救不了。」

然後師父的話並沒有解開男子的心結，他依舊愁眉不展的說：「可是，大家並不這麼想，我知道他們很多人都在背地裡說我是故意將我妻子燒死的。蒼天可鑒，我和我的妻子鶼鰈情深，若不是孩子還需要有人撫養，我真恨不得與她一起葬身火海。」

「曾經有一個男子就與你一樣。他跟自己的兒子牽著一匹瘦馬走在回家的路上，被路人瞧見了，那人便說：『看這一對父子真傻，有馬不騎，偏要走路。』男子一聽，就讓自己的兒子騎上了馬，他牽著馬走。接著又遇到一個路人，這個路人說：『這個兒子真不孝順，居然自己騎馬，讓年邁的父親走路。』男子一聽，於是讓兒子下了馬，自己騎了上去。他們繼續向前走，又碰到一個路人，那個人說：『這個父親太過分了，自己騎馬，讓幼小的兒子走路。』男子一聽，自己怎樣做也不對，乾脆父子倆一起騎在了馬上，心想：這下別人該沒話可說了。結果快到家門口時，碰到一個人，那人說：『這父子倆太沒同情心了，馬都這麼瘦了，還要兩個人一起騎。』這男子一聽，只好又恢復成最初的樣子，與兒子二人牽著馬走回了家。」

師父講完這個故事，頓了頓又繼續說道：「施主，悠悠眾口，我們不能決定別人說什麼，但是我們可以決定自己聽什麼，如果你總是活在別人的言論裡，還怎麼找到自己的生活呢？」

師父的開示，讓那對父子帶著滿意的答案離開了。夜晚，大家都去休息了。只有釋然還坐在佛堂中敲著木魚念著經，那木魚聲久久迴盪在寺院中，就像是小鎮上那些久久不能消散的流言蜚語。大家總是認為傷人的是利劍，殊不知，這口中說出去的話語，有時候比利劍更能傷害他人。釋然想：今後自己說話更要謹慎才是，千萬不可將話語變為利劍去傷害他人。

參透了這個道理，釋然才回到自己的禪房休息。

釋界生病了

整個廣緣寺都籠罩在靜謐的夜色中，似乎這夜靜得有些不同尋常，就連平日裡總愛在房檐上散步的釋界，這一夜也不知道跑到哪裡去了。

釋然做了個夢，夢裡釋界被一個不知名的怪物吞到肚子裡，釋然想要去救牠，怪物卻突然消失了。釋然情急之下睜開了眼，窗外已經透出微亮的光。雖然那只是個夢，但是擔心釋界的心情卻無比清晰。

秋天的山上，晝夜溫差很大。打開房門那一刻，清晨的風拂面而來，一種久違了的涼意頓時襲遍釋然全身，空氣裡混合著山裡濃重的霧氣和莊稼地裡泥土的味道，沁人心脾的直往鼻子裡鑽。天氣又要冷了，釋然裹緊了身上的僧衣，喃喃自語道。大家都還沒有醒來，院子裡靜悄悄的。釋然悄悄的找遍了寺院裡的每一個角落，都沒有看到釋界的身影。就在釋然準備放棄尋找之時，釋界邁著輕盈的步伐從大門口走了進來。或許整個廣緣寺除了師父和師叔，也就只有釋界敢這樣明目張膽不分晝夜隨便進出廣緣寺了吧。

釋然走到釋界身邊，寵溺的撫摸著牠。這個傢伙不曉得到哪裡玩了一夜，身上的全是褐色的泥巴。可能因為玩得太累了，釋界並未理會釋然的撫摸，自顧自的走到佛堂內，找了個角落打呼起來。釋然望著蜷成一團的釋界，無奈的搖了搖頭。有時候釋然會懷疑，釋界一定是故意在佛堂裡睡覺，為的就是鍛鍊大家的修行。

釋界也去睡覺了，偌大的寺院中，就只剩釋然一個清醒的人了。為了打發這段無聊的時光，釋然拿起立在大門旁的掃把，仔細的掃起地來，天氣變涼了，樹葉已經開始飄零著落下。釋然剛掃完一遍，過一會便又落下幾片，於是釋然又再掃一遍。如此幾遍後，師父起來了，接著大家也起來了。坐在佛堂裡上早課時，釋然感覺自己的內心無比的平靜，怪不得師叔常說「掃地即掃心」呢。

大家吃過早上的齋飯後，釋界也睡醒了，看著渾身泥巴的釋界，大家都建議給牠洗個澡，不然牠總是這樣進出佛堂，是對菩薩不敬。釋然覺得這個提議不錯，於是找來一盆水，幾個人合力將掙扎的釋界放到水中，乾脆俐落就將釋界洗了個乾乾淨淨。只是釋然忘記將釋界身上的水擦乾，及至下午時，釋然發現釋界生病了。

牠先是一個噴嚏接著一個噴嚏打，然後像人一樣流出了鼻涕，最後乾脆臥在地上一動也不動了，身上就像冬天燒過的木炭，滾燙滾燙的。

釋界竟然也會生病，而且還發燒了。

這是廣緣寺僧人們無論如何也想不到的事情，他們始終以為只有人才會生病。釋界這一生病，可急壞了大家，就連平日裡總是看不慣釋界在佛堂睡覺的釋恩，此刻都很心急。小鎮上只有給人看病的大夫，沒有給貓看病的大夫呀。可是大家也不能眼睜睜的看著釋界生病而不管，最終不知是誰提議給釋界吃一些人吃的退燒藥。

退燒藥找來了，怎麼讓釋界吃進去成了難題。

釋恩建議掰開釋界的嘴，將藥灌進去。但是被釋然否決了，釋然認為這樣的方法太強硬了，釋界已經生病了，應該得到更溫和的對待。

釋果建議將藥拌在釋界吃的飯裡面，這樣釋界吃飯的時候，就順便將藥一起吃下去了。大家一致認為這是個不錯的主意，可是卻沒想到，釋界對拌了藥的飯看都不看一眼。於是釋果的計畫也失敗了，還白白浪費了一袋退燒藥。

就在大家對著釋界，感到束手無策時，釋行忽然跳起來說自己想到了一個辦法。只見釋行拿起一袋退燒藥，然後分別灑在了釋界的兩隻爪子上。一向愛乾淨的釋界看到剛洗乾淨的爪子被弄髒了，於是連忙伸出舌頭來，將兩隻爪子添了個乾乾淨淨。然後釋行再一次將退燒藥倒在釋界的爪子上，釋界再一次以同樣的方式舔進嘴裡。如此幾次，一袋退燒藥就這樣全部被釋界吃進了肚子裡。

末了，釋行像拿著戰利品般拿著那個空了的退燒藥袋子，在各位師兄面前狠狠的炫耀了一番，看到每個人都由衷的對他豎起大拇指，釋行別提有多驕傲了。

第二天，釋行還是用同樣的方式餵藥給釋界，可是釋界似乎早已經預料到了一樣，說什麼也不肯將爪子從肚皮下面伸出來。

「哎，看來再好的辦法，也有失效的時候。」釋行嘟著嘴巴，聳了聳肩膀，無奈的說道。不過好在釋界已經退燒了，痊癒應該也是指日可待。

浮雲大師

近日來，到廣緣寺拜佛的香客特別多，釋然問師父原因，師父也不甚清楚，有香客到來，眾僧人勢必不敢怠慢，釋然幾位師兄連續幾日整日在佛堂為香客誦經，釋恩釋果已經跟著師父修行多年，所以並不覺得累，釋然則把這當作是自己的修行，唯有釋行，第一天還覺得自己累積了功德，然而三天下來，就哭著喊「無聊」了。

早餐過後，香客們陸續走進了寺院。可釋行卻躲在禪房中說什麼也不肯出來，先是釋恩對釋行進行了勸說：「師弟呀，作為出家人，拜佛誦經是我們的職責所在，豈有逃避之理。」大師兄一開口，就一副諄諄教導的口吻。可無奈釋行根本不理這一套，或許在他的大腦裡還沒有「責任」二字的概念。

大師兄敗下陣來，接著二師兄上場了。「釋行，你要好好表現，師父才會喜歡你，喜歡你才會給你好吃的。」二師兄決定用美食引誘釋行，因為釋行的貪吃可是出了名的。釋行聽了，偏著腦袋想了想後，一臉不屑的回答說：「師父一直都是最喜歡我。」那自信程度，令釋果一時之間都不知道該如何是好。

釋恩釋果都沒能說動釋行，他倆把希望都寄託在了釋然身上。其實釋然也沒有把握，這個小師弟平時受到大家的寵愛太多了，總有些任性。但是如果他缺席誦經，被師父發現了，受到責罰，與其到時候心疼他，不如現在先勸說一下他。

「釋行，你不願參禪誦經，那就無法成為大師了。」釋然打算用「權力」來說服釋行。平日裡，寺院裡的任何一個人都可以管教釋行，釋行唯一能管教的就是釋界，還無奈釋界總是不服管教，為此釋行也曾苦惱過。所以，釋然認為，或許「權力」能說服釋行。

聽了釋然的話，釋行低下頭想了一會，就在釋然認為要成功的時候，釋行抬起頭對釋然說：「那什麼時候能成為大師呢？」然後未等釋然回答，又補充說道：「我每日都跟著師父參禪誦經，什麼時候能成為師父一樣的大師呢？」釋行顯然對這件事情認真了，其實這個問題已經在他的心裡醞釀很久了，他早就想找師父確認一下，卻又怕被師父責罵。正巧今天被釋然提了出來。然而釋行的問題卻把釋然問住了，什麼時候？釋然怎麼會知道呢？

見釋然一下子回答不出來，釋行洩氣的說道：「我每天吃齋念佛，從我記事起就在做這件事情，可是又有什麼用呢？連什麼時候能成為大師都不知道。」

就在釋然努力搜索答案的時候，禪房的門被戒緣師叔推開了。戒緣師叔不算是廣緣寺的和尚，所以不必在佛堂為香客誦經，但他還是會時不時過去看看，沒想到今天到了誦經的時辰，卻遲遲不見幾個小徒弟出來，於是走到禪房來一探究竟，還沒進門，就聽見了釋行問釋然的問題，不禁在門外啞然失笑，不過他還是決定點化一下這個調皮的小鬼。

於是，戒緣師叔站在門外，對釋行說：「釋行，你看天邊的那朵雲，多麼漂亮。」

釋行在好奇心的驅使下，連忙跑出來看，一看果然漂亮，在蔚藍的天空中，那朵雲就像是盛開的蓮花，於是隨聲附和道：「嗯，真的很漂亮！」

接著戒緣師叔又指著寺院中那盆正在怒放的芍藥說道：「你再看那盆花，開得多燦爛啊！」釋行順著釋緣師叔手指的方向望去，那盆前兩天還含苞待放的芍藥不知什麼時候已經開花了，花瓣上的露珠在清晨的陽光下閃耀著光芒，看起來格外好看。「是呀，開得可真漂亮。」釋行忍不住跟著讚歎道，他不明白師叔為什麼一會讓他看雲，一會讓他看花，但這總比三位師兄在自己耳邊不停的嘮叨好。

其實，釋然也不明白戒緣師叔的葫蘆裡賣的什麼藥。「釋行，你既然不想為香客們誦經，那你就陪著師叔在寺院裡走走吧。」只要別讓自己在佛堂裡一坐坐一上午，其餘做什麼都行，釋行幾乎沒有考慮就答應了下來。

一上午的時間很快過去了，香客們也陸陸續續的到齋堂享用戒嚴師叔做的齋飯去了。釋然一走出佛堂，就看見了隨戒緣師叔回來的釋行，不知道他們一上午都去做了什麼，釋然在釋行的臉上看不到任何不耐煩和疲倦，反而神采奕奕的，於是連忙走上前，提醒他們二人該去用齋飯了。

當走到禪房前時，釋然聽到戒緣師叔問釋行：「釋行，剛才那朵美麗的雲朵呢？」

釋行沒料到師叔會突然問起這件事，連忙抬起頭在天上找起來，可是哪裡還有那朵雲的影子呢？

接著戒緣師叔又問道：「釋行，剛才那盆漂亮的花朵呢？」

釋行連忙又向花朵的方向望去，在正午的驕陽下，花朵早起的嬌豔已不復存在，一派病懨的無精打采、垂頭喪氣的樣子。

「這就是過眼雲煙啊。」戒緣師叔說道，然後看著釋行，又看了看剛走過來的釋然，接著說：「你們糾結於什麼時候成為大師，我像你們這麼大時，也曾想過這個問

題。現在看來，不過是過眼雲煙而已。」

釋行終於不耐煩的對師叔說：「師叔啊！它們總這樣千變萬化的讓我怎麼辦呀？難道說一切都是過眼雲煙？」

師叔看著釋行毫無耐心氣急敗壞的樣子忍不住發笑搖頭：「唉！釋行啊！不能總是著眼外表啊！浮雲走了，湛藍的天空依舊，花謝了，是去安心培育它的果實。這些才是亙古不變的宇宙真理誒。」

師叔的一番教誨，釋然已有所領悟，轉頭觀察釋行，也見釋行低頭煞有介事的皺眉沉思，嘴裡不住的嘀咕：大師，美麗，浮雲，藍天，果實，哎呀！算了算了！玩去嘍！

師叔做賊

每晚睡覺前，師父都會給大家講一些經文裡的故事，這是釋然最期待的時光。全院的僧人一起圍坐在佛堂內，沏上一壺茶，對坐而飲，那場景別提有多愜意了。自從戒緣師叔來到廣緣寺後，師父常常把講故事的「權利」讓給戒緣師叔，因為戒緣師叔從年輕起就遊歷四方，肚子裡面的故事比釋然吃的比吃的米粒都多。他講的故事往往比師父講的故事更能吸引大家。

這天，又輪到戒緣師叔講故事了。「師叔，能給我們講點新鮮的故事嗎？」師叔還沒開口，釋行這個小鬼頭就拽著師叔的衣袖問道。

「新鮮的故事？什麼樣的故事才算是新鮮的故事呢？」師叔問道。

「就是，講一講發生在你身上的故事。你去過那麼多地方，肯定會發生很多事情，給我們講一個驚險刺激的吧！」釋行說。

戒緣師叔逐個看向大家，發現大家的眼中也跟釋行一樣充滿了期待，於是爽快的答應道：「那好吧，我就給大家講講我一次做賊的經歷吧。」

「做賊？」戒緣師叔還做過賊？釋然還以為自己聽錯了。但看戒緣師叔的樣子，又不像是再跟大家開玩笑。

「記得那是我第一次離開寺院出遠門，年齡也就釋然這麼大。因為舉行過成人禮，心裡總覺得自己是個大人了，非要出來闖闖也長點見識。可是當我真的走在大路上時，心裡還是不免有些害怕。這時，我碰見一個比我稍微年長一些的年輕人，於是我們便一道同行起來。他似乎對佛法很感興趣，一路上與我聊得很投機。

天色漸晚時，男子到了家，並且極力邀請我在他家住宿一晚。當時我也有些害怕走夜路，於是就同意了。豈料睡到半夜，忽然聽到了一些窸窸窣窣的聲音，睜開眼睛一看，一個黑影正在翻我的包裹。當時我的第一反應就是小偷進來，為了不使留宿我的主人家財遭受損失，我鼓足勇氣喊了一聲『誰？』

那人就被我嚇得撲通一聲跪倒在了地上，借著月光我看清了那人的長相，原來竟是留宿我的那名男子。他將我留宿在他家，就是為了盜取我的東西。想到自己還曾對他感恩戴德，我不由得有些生氣，拿起自己的包裹準備離開，但是轉念一想：佛祖讓我遇見他，不正是讓我來解救他的嗎？

於是我又放下包裹對他說：『我一個窮僧人，能有什麼值錢的東西？你如果要做，應該去做一樁大買賣。』

那名男子顯然也沒有預料到我會這樣說，在愣了許久後，上來握住我的手，說我們是同道中人，並追著問那大買賣是什麼？」

「師叔！你怎麼能這樣呢？你難道不知道嗎？依照法律，遇到賊人要舉報，否則，就算私下窩藏都算共犯，你還給他主動介紹大買賣？你這不光是同流合汙，這是助紂為虐！」……釋恩沉不住氣，忽然站起來憤恨的說。

戒緣師叔對於釋恩師兄的不敬並沒有放在心上，而是繼續說著。

「我對那個男子說，在他的身上有終生享受不盡的東西，並問他想不想要。那名男子一聽，連忙點頭。此時我一改溫和的樣子，抓住他的衣領大聲對他說『讓你終身享受不盡的東西，就在你的懷裡。』」說著，戒緣師叔做出抓著人衣領的樣子，彷彿那個人此刻就站在他面前。大家都被戒緣師叔這一舉動給逗笑了。

「我接著又對他說『父母給了一顆至純至善的心靈，你卻要自甘墮落，做這等偷雞摸狗的事情。』那人一聽，頓時恍然大悟。並跪在地上向我磕頭致謝，同時向我保證，以後再也不做這等齷齪之事了。」

大家聽到這裡，忍不住鼓起掌來，既為師叔的勇氣，也為師叔那番鏗鏘有力的

話語。故事講完了，大家陸續回房休息。躺在床上，釋然半天也無法安然入睡。心想：假如今後自己遇到賊人怎樣勸解，光是一味的批評斥責也許會遭遇抵觸逆反，說不定最後自己最後還會被賊打一頓。但是如果自己能夠適當站在對方的立場多角度考慮問題，也許更能為他指明今後的方向。

方便善法

「釋然，寺裡的糧食不多了，用過齋飯，你跟我下山一趟。」一大清早，戒嚴師叔就對釋然說道。

又可以下山了，釋然心中說不上是什麼滋味，萬一再碰到那位施主讓自己評理，自己該怎麼辦呢？想起上次下山遇到的事情，釋然就有些愁眉不展。

事情還得從半個多月前說起，釋然代替忙碌的師父到山下探望生病的劉大娘，結果卻在路上碰到一名男子正在出言不遜的訓斥老人。經過詢問，釋然得知，老人是男子的岳父，因為偷錢貼補給小女兒家被男子發現，所以才引來了男子的破口大罵。釋然認為偷人錢財是老人不對，但打罵老人又是男子不對，偏偏男子又糾纏不清的讓釋然給評理，當時釋然的一個頭變成了兩個大。還好劉大娘及時出現帶走了釋然，不然釋然還真不知道該怎麼評這個理呢。

今天又要下山，但願不要再碰到這樣的事情才好，釋然心裡默默惦記著。然而總是怕什麼來什麼，就在上次的地方，釋然再一次遇到了那名男子，只是這一次老人

不在。只見那名男子向著東方、南方、西方、北方、上方禮拜著。

「真是奇怪，這樣的人也會信佛。」沒想到這名看起來凶神惡煞的男子，內心也有對佛祖的敬重，釋然很是意外，忍不住小聲嘟囔著，卻不想被師叔聽了個正著。「釋然，什麼時候學會的『以貌取人』吶？」說完，在釋然的小光頭上，狠狠的敲了一下。

釋然摸著被戒嚴師叔打痛的腦袋，齜牙咧嘴的將自己上次見到這個男子的情形一五一十的告訴給了師叔。

「哈哈，有意思。」師叔聽完，居然當成笑話一樣，哈哈大笑了一番後，向那男子走去。

「敢問這位施主，這是在做什麼？」戒嚴師叔很有禮貌的問道。

「做善生啊！」男子看了戒嚴師叔一眼，繼續說道：「這是我們家族傳下來的習慣，父親告訴我說，這樣做能夠令鄰里和睦，家庭幸福。難道師父不知道這些嗎？」

「施主倒是向善之人啊，只是佛家的禮拜不是拜四方，而是拜六方。」戒嚴師叔回答道。

拜六方？釋然怎麼不知道呢？難道這是更加高深的佛法嗎？

「拜六方？」男子心中顯然與釋然有著一樣的疑問，「師父可否詳細的說一說呢？」男子問道。

「佛教所禮敬的六方，一方是父母，二方是師長，三方是妻子，四方是朋友，五方是僧眾，六方是僕人。」說到這，戒嚴師叔看了一眼男子，只見男子一副若有所思的模樣。於是，戒嚴師叔繼續說道：「對於父母，做兒女的要順從，孝養，令父母感到欣慰；對於師長，作為學生的要尊師重道，虛心接受教導；對於妻子，夫妻之間要相互敬愛；對於朋友，要做到坦誠互敬；對於僧眾，要有一顆恭敬的心；對於僕人，要寬厚仁慈。如果能夠與這六種人相處融洽，那麼幸福的家庭生活不求自來。如若不然，不但遭天譴，受詛咒，有惡報，也會現實報應：比如減壽，罹患怪病，家破人亡不得善終……」男子一聽，嚇得渾身一震，竟半天說不出一句話來。「阿彌陀佛，善哉善哉！」戒嚴師叔見狀，雙手合十，打著佛號向前走去，釋然連忙在身後跟上。

「師叔，你剛剛說的拜六方，是佛經上的嗎？怎麼我沒有看到呢？」釋然覺得戒嚴師叔說的拜六方簡直太好了，這六種人幾乎涵蓋了人們生活中的所有中心人物，

如果能把這六種關係處理好，那想不幸福都難呢！現在那名男子恐怕不用釋然評理，也知道今後自己該怎麼做了。

「你沒看到就對了，因為還沒寫進佛經呢！」戒嚴師叔說完，哈哈大笑起來接著又說：「釋然啊，勸說不同的人，要對應不同的方式方法，這樣的傳播勸解才是行之有效的。對於這種粗鄙之人，他們最怕的就是遭遇天譴，信佛也是源於此。你與他們講理，那不是等於『秀才遇見兵，有理說不清』嘛。我看啊，我還得跟師兄說說，得多讓你出門歷練歷練啊。」

禪房的「香」氣

臭余是小鎮上唯一一個魚販，其姓「余」，起初大家都叫他余師父，後來因為在運魚的路上耽擱了時辰，導致魚運到小鎮上時，都已經臭了，據說小鎮上好幾天都充斥著腐爛魚肉的臭味，從那以後，人們就將余師父喚作臭余了。

釋然幾次下山，都曾經過臭余的魚店，有一次，釋然經過時，正巧有人買魚，只見臭余拿起手中的棒槌，狠狠的敲向魚的頭部，一條原本還活蹦亂跳的魚，經過這麼幾下，就暈死了。臭余連忙拿出剪刀，敏捷的去鱗，開膛破肚。在他用手掏出魚的內臟時，釋然還看到魚痛苦抽搐著。

釋然當時趕緊閉上眼睛，雙手合十，一疊聲的念著阿彌陀佛，心裡默默為那條死去的魚連聲超度。釋然的做法在臭余的眼裡也許可笑，難道魚不就是用來給人吃的嗎？所以，這麼多年下來，小鎮上的絕大部分人都曾上山拜過佛，而臭余卻屬於那些極少部分裡的一員。但今天臭余卻破天荒的上山來了，最早得知這個「消息」的是釋界。原本還安安靜靜躺在佛堂內打呼的釋界，忽然睜開眼睛向寺院裡跑去，引得

在旁邊的釋行也忍不住跟著跑了出去，結果就在寺院的大門口遇到了臭余，臭余還未走進佛堂，身上的魚腥味就已經飄了進來，釋然等人忍不住捂住了鼻子。

此時的臭余一臉的愁容，請求師父的開示。原來前段時間臭余的女兒考上了大學，這本是一件值得高興的事情。可是前天晚上臭余卻做夢夢見了女兒被一條大魚給吃掉了，夢醒後臭余依舊心有餘悸，連忙打電話給女兒，結果卻得到女兒因為魚刺卡喉而住進了醫院的消息，雖然現在已無大礙，但臭余依舊感覺到惶恐。是不是自己殺生太多了，所以招致了報應？

「余施主，萬物皆有生命，都有其存在的價值，傷害眾生就等於傷害自己。」師父打著佛號，緩緩的說道。

「可是……而是我這一家老小都依仗著我這個魚店生活，我又沒有別的手藝，如果不販魚了，我這一家老小可怎麼辦呀？」臭余急得快哭了。

釋然不禁有些同情起臭余來，自己常年住在廣緣寺，哪裡曉得塵世中人們的疾苦呢？於是不等師父開口，釋然就對臭余說道：「施主如果傷害了同胞，會有什麼心情？」「心裡會不舒服，會懺悔。」臭余回答道。

「那你宰殺魚類的時候，會心裡不舒服，會懺悔嗎？」釋然問道。

「這……沒有……」臭余結結巴巴的回答。

「這就是問題所在了。」釋然最後說道。

當天，臭余就留在了廣緣寺，跪在佛祖前懺悔自己的行為，並為每一條被他殺死的魚念經超度。太陽一點一點的偏西了，臭余還沒有懺悔完，太陽下山了，臭余還在懺悔。

「他殺了多少條魚啊？這麼久都沒有懺悔完。」釋行問道。

「他那一身魚腥味，在佛堂待了那麼長時間，把佛堂都熏臭了。」釋果師兄說道，這也是釋然所擔心的問題。

等臭余懺悔完，已經接近午夜時間了，釋行早已經睏得打了十多個哈欠了。師父看天色已晚，怕臭余深夜下山不安全，於是便將臭余留宿在了寺內。

夜裡，釋然剛迷迷糊糊睡著，就聽見有人敲禪房的門，打開門一看，原來是臭余。「小師父，能把我那屋的香熄滅了嗎？」臭余試探性的問道。

「為什麼？」釋然不解，寺院裡不點香，那點什麼？

「那香味太難聞了，我睡不著呀。」臭余解釋道。

香味難聞？這還是釋然第一次聽說，但還是幫臭余將他禪房裡的香熄滅了。

第二天天一亮，臭余就離開了廣緣寺。然而他住過的房間裡卻久久彌漫著一股魚腥味，一整天都不曾散去，除了釋界以外，誰也不願意靠近半步。

「這麼難聞的房間，竟然還能睡得著，這個余施主還真是奇怪。」釋然一邊以自言自語，一邊拿著掃把準備去清掃臭余住過的禪房。不料這句話卻被經過的師父聽見了。

「釋然！怎可在背後議論他人是非？」師父的聲音裡透著威嚴。嚇得釋然立刻縮起了脖子，然而等了半天，師父的手也沒有落下來，釋然才抬起頭來為自己辯解：「師父，我沒有議論余施主的是非，徒兒只是不明白，余施主是怎樣在忍受禪房的臭味的？」

「對於余施主來說，自己身上的惡臭早已習慣成自然，落入麻痺的無意識區域；而你的熏香對他則造成新鮮的刺激，所以他才難於接受。」師父說完，就撚著鬍子笑著走開了，留下釋然站在原地回味著師父這句話的深意。

意外來信

「釋然，你的信。」戒嚴師叔從山下採購回來後，給了釋然一封信。會是誰呢？釋然帶著疑問拆開了信件，一旁的釋行也伸過來頭看究竟。

原來來信人是釋然的筆友。小鎮上剛剛成立郵局時，廣緣寺的僧人們就透過寫信的方式結識了筆友。釋然的這個筆友是另一個寺院裡的小和尚，想起來釋然已經很久沒有跟他聯繫了，突然收到這封來信，釋然在驚訝之餘，還有些開心，因為這個世界上除了師父、師叔和自己的師兄弟們，還有一個人想念著自己，這多少都算一件好事。

但是很快釋然就開心不起來了，因為筆友在心中告訴了釋然一個十分不好的消息，那就是筆友的師父圓寂了，也就是民間所說的去世了。在信裡，筆友向釋然訴說了自己的難過之情，師父是最疼愛他的人，也是他在這個世界上最親近的人，現在師父不在了，他的心像被掏空了一樣，無論走到哪裡都會想到師父。有時候還會在夜裡偷偷的掉眼淚。看到這裡，釋然的心也痛了一下，他不禁想到自己。在這個

世界上，師父也是最疼愛自己的人，也是自己最親近的人。在這之前，釋然從來沒有想過師父會離開自己這件事情，如果有一天師父也圓寂了……釋然不敢想下去。

接下去的幾天裡，釋然都在考慮怎麼回信給筆友，但每每提起筆來，又不知道該怎麼寫，因為他也不知道這件事如果放在自己身上會怎麼樣。釋然的心不在焉自然逃不過師父的眼睛。

「釋然啊，為師這裡有壺新茶，你要不要來嘗嘗啊。」看著釋然擔著兩桶水從外面走進院裡後，師父站在禪房門口對著他邊招手邊說。

「好！」釋然想都不想就回答道，雖然夏天已經過去了，但是「秋老虎」絕不是浪得虛名，比起夏天的悶熱，這種燥熱更讓人難以忍受。如果能在辛苦的勞作之後，喝上一杯清香的茶水，那必定是極好的。

將水桶裡的水倒進水缸後，釋然就走進了師父的禪房，坐在了師父的對面，那裡早已經放好了一個茶杯，看來師父早已有所準備。一杯香茶喝下後，師父緩緩的開了口：「徒兒，這修行是件苦差事，在我所有的徒弟當中，你雖然不是那個悟性最高的，但卻十分努力。這點讓為師很欣慰。當年我見你孤苦無依，所以帶你上山，心想這樣你總不至於餓死街頭，或是誤入歧途，卻沒想到你在山上一待就是這麼多年。現在你長大了，若是有其他想法，為師會支持你。」

師父的這一席話聽得釋然迷惑不解摸不著頭緒，難道師父是要將他逐出師門嗎？釋然想了又想，努力回憶自己這段時間的作為，怎麼也想不出自己哪裡做錯了。要說做得不好的地方，頂多就是早課時總是分心，在師父講經的時候提問變少了而已，那都是因為自己在考慮如何回筆友的信。難道因為這樣，師父誤以為自己起了還俗的心思，想到這裡，釋然恨不得自己多長出一張嘴來替自己辯解。

「師父，我知道自己這段時間做得不好，但是徒兒絕對沒有動其他心思。一切都是因為徒兒在思考一個問題。」釋然匆忙為自己解釋道。

「哦？什麼問題把你難倒了，為師倒是願聞其詳。」師父顯然沒有預料到，自己的推測竟然錯了。

「師父，你會圓寂嗎？」釋然試探的問道，他不知道自己問這個問題師父會不會生氣。

「哈哈……」師父突然大笑道：「原來這些天你的小腦袋裡就在尋思這件事情嗎？當然會了。百姓有生老病死，僧人也不例外。」

「我的筆友來信說，他的師父圓寂了，他很難過。我不知道怎麼安慰他，因為我

一想到師父有一天也會離開我，我也感到很難過。」釋然說著，心裡的悲傷就像泉水一樣翻湧上來，頓時溢滿了眼眶。

「生命與死亡，就像冰與水。水在低溫下凝結，變成了冰；冰在高溫中融化，又變成了水，二者雖然在形式上不同，但是本質上卻沒有任何區別。生生死死，就猶如花開葉落，不過是自然而然的生命現象而已，我們大可不必為此煩憂難過。」師父說完，伸出手輕撫著釋然的頭，「我想你的筆友總有一天會明白這其中的道理。」

釋然看著師父那雙飽經滄桑的雙手，他已經知道怎麼回信給筆友了。只是，如果真的讓自己經歷生與死的離別，自己能夠有師父這般豁達嗎?釋然在心裡打了個問號。

桶中一夜

釋然想不通，活著是一件多麼美好的事情，為什麼卻有人總是想不開，選擇自殺呢？前幾天，戒嚴師叔下山採購糧食回來的路上，救了一個自殺的年輕人，他怕那個年輕人再次尋短見，就暫時帶回了寺裡，與大家同住。

這幾天來，年輕人一直與釋然他們在一起，不管是吃飯睡覺，還是參禪誦經，儼然成了他們其中的一分子，但是幾天來年輕人都未曾講過一句話。直到今天早課結束後，年輕人忽然走到了師父的面前，雙手合十，請求師父收他為徒。

年輕人的舉動讓佛堂內的僧人們吃了一驚，紛紛站住了離開的腳步，連禪房內飄出的飯香味都忽略了。大家都想知道，師父會怎麼面對這突如其來的情況，說不定，還能學到點佛法呢。

「阿彌陀佛。」師父雙手合十回應了年輕人，然後問道：「施主這些日子來住在寺院裡，有何感受呢？」

「我覺得寺院裡難得的清淨，比塵世間不知清淨了多少倍，在這裡沒有世人的誹

謗和嘲笑，也沒有煩惱。」年輕人回答。

「其實，寺院和塵世並無差別，只是施主的心境不同所致，如若老衲今天收你為徒，就相當於了斷了你對塵世的信心，那不是救了你，而是害了你。想要出家，必須要自己看透紅塵之事，或許到了那個時候，你會發現出家與否都已經不再重要了。」師父一邊走，一邊勸解年輕人。

「我勤勉不懈讀書，從不招惹是非，也從未有害人之心。可是為什麼他們總是瞧不起我，總是有人用惡言誹謗我，用蜚語詆毀我呢？活著太艱難了，我不知道如何面對這個社會。」年輕人說到此，臉上露出痛苦的表情。

師父靜靜的聽完年輕人的訴說後，彎下腰拾起一片樹葉，然後把手中的葉子扔進了水桶中，然後對年輕人說：「施主不惹是非，勤勤懇懇讀書，卻慘遭誹謗，內心深陷塵世苦井中無法自拔，就如這片葉子一樣，是嗎？」

年輕人低下頭，看著桶中的樹葉，若有所思的回答說：「是的。我就像這桶中的樹葉。」

接著師父拿起舀子，從水缸中舀了一瓢水，說：「這就是企圖打擊你的誹謗之言。」說完，就將水倒進了水桶中的樹葉上，樹葉瞬間被水沖得蕩了起來，不過只是一會，便靜靜的漂在了水面上。

眾人不知道師父想要做什麼，只好繼續看著。然而師父又舀起了一瓢水，說：「這是庸人對你的一句惡語讒言。」，說完，將水再次倒進了水桶中的樹葉上。樹葉晃了晃，再次漂到了水面上。

「施主請看，這樹葉是怎樣的？」師父轉身問站在一旁的年輕人。

「樹葉絲毫無損，只是桶裡的水深了，樹葉因為水位的上升離桶口越來越近了。」年輕人還沒有明白師父的言語中的深意，如實說道。

師父聽了，笑著點點頭，說：「那些惡語誹謗是無法擊沉一片樹葉的，樹葉會抖掉澆在它身上的一句句蜚語、一句句誹謗，不但不會沉入水底，反而會隨著誹謗和蜚語的增多而使自己漸漸上升，一步一步遠離了桶底。」師父一邊說著，一邊繼續往桶中倒水，不知不覺中，桶中的水就滿了，樹葉終於浮到了桶面上，金黃色的葉子，就像是小舟一樣在水面上輕輕的蕩漾著，釋然看得都出了神。

當眾人以為師父的點化已經到此結束了時，師父卻望著樹葉感歎道：「要是再有一些惡語誹謗就好了。」釋然不解，年輕人更是迷糊，樹葉都已經成功離開了桶底，漂到了最上面，為什麼還要惡語誹謗呢？於是兩人異口同聲的問道：「為什麼呢？」

師父並沒有回答他們，而是笑了笑又舀起兩舀子水嘩嘩澆到桶中的樹葉上，桶水四溢，把那片樹葉也溢了出來，漂到地上，並且隨著地面上的水流，緩緩的流了很遠。釋然看到這裡，似乎明白了師父的用意。

太多的惡語誹謗終於幫葉子跳出了痛苦的「陷阱」，並讓葉子漂向遠方，擁有了更廣闊的世界。這不就是在啟示年輕人嗎？流言蜚語、誹謗和詆毀，不應該讓他感到痛苦，反而還會將他原本純淨的心靈淘洗得更加純淨，想必那位年輕人此刻也應該明白了師父的用意。只見那年輕人跪在了師父面前，多謝師父對他心靈的救贖，並保證不再會為此而煩惱，以後就算把他扔進泥淖，他也要努力成為一株聖潔的蓮花。

師父打著佛號，扶起了年輕人，臉上露出安心的笑容。釋然見此，不禁在心中深深的佩服起師父來，只用了一片樹葉，一桶水，就開導了深陷在迷茫痛苦中的年輕人。自己什麼時候也能像師父一樣擁有高深的佛法呢？釋然忍不住想。

「得不到」和「已失去」

昨夜，一場大雨忽然毫無徵兆的肆虐來襲，致使早晨的天空依舊是陰沉沉的。釋行望著寺院外面泥濘的道路，用一種與他年輕不太相仿的成熟口氣說道：「幸好前兩天剛剛下山採購了糧食，要不就得餓肚子了。」釋然一聽，啞然失笑，儘管語氣故作老成，但是話語裡依舊顯示出孩童的本質。

就在釋然決定對釋行打趣一番時，幾個年輕人帶著滿身的泥濘走進了廣緣寺，看著他們幾個，釋然一下子就想到了「狼狽不堪」幾個字。不用問，他們一定是到這座山上旅遊，然後露宿在外面，結果被大雨淋成了落湯雞。現在想下山，卻苦於沒有道路，只能到廣緣寺暫時歇歇腳了。

對於這些年輕人的到來，釋然幾個小和尚還是很開心的，因為難得見到年齡相似的人。經過簡單的寒暄，釋然已經知道他們幾個都是大學生。出於對外界的好奇，釋然很熱情的接待了他們，師父也明顯感到了寺院裡已經注入了更多的年輕活力而變得有些不同，所以一直笑眯眯的看著釋然幾個小徒弟為了這幾個大學生忙裡忙外。

一天相處下來，釋然已經記住了幾個人名，一個是長得瘦高，面貌俊朗的男生阿旭，他顯然是這個團隊裡的核心人物，因為大家什麼事情都會詢問他；還有一個微胖的男生，大家都叫他偉仔，這個男生愛開玩笑，但是對釋然等僧人卻很尊重；還有一個叫秦羽的女生也引起了釋然的注意，因為他是釋然見過的最美麗的女孩，她梳著高高的馬尾，笑起來的時候嘴邊會出現兩個淺淺的梨渦。似乎所有人都喜歡看著她，尤其是那個叫做偉仔的男生，常常望著秦羽發呆。只是秦羽不常笑，難得露出笑容，往往都是對著阿旭，除此之外的時間裡都是一副若有所思的樣子。在釋然的腦海裡，顯然還沒有愛情這個詞語的概念，他只是覺得阿旭與秦羽之間的關係不似其他同學之間，但是又不知道究竟哪裡不同。

晚上，釋然等人依舊圍坐在佛堂中聽師父講經，那個叫做秦羽的女孩，小心翼翼的站立在佛堂的門檻邊也認真的聽著。師父講完經後就讓大家散去了，釋然看到秦羽依舊站在門口，對著師父一副欲言又止的樣子，她是想跟師父說什麼嗎？釋然心裡嘀咕著，不由得放慢了腳步。

「大師，我有個問題想要請教你，不知道可不可以？」秦羽怯怯的問道。

「施主請說。」師父雙手合十，念著佛號答應了秦羽。

「我想問，世間最美的愛情是『得不到』和『已失去』嗎？」釋然沒想到，秦羽一開口就問了一個如此大膽的問題。出家人六根清淨，怎麼會對愛情有所理解呢？師父又會怎樣回答呢？等著聽師父回答的釋然，停住了離開的腳步。

接著，秦羽又對師父講起了她的愛情，大致是因為阿旭有一份「已失去」的愛情，所以拒絕秦羽對他的感情，而秦羽有為這份「得不到」而執念，想要放棄卻又不甘。

聽完秦羽的講述，師父問道：「施主可願聽貧僧講個故事呢？」

「在一座很有名的寺院裡，有一隻很有靈性的蜘蛛，佛祖見牠每日恭恭敬敬的接受佛法，打算開示牠一番，提高牠修行。於是佛祖問牠：『人生最珍貴的是什麼？』蜘蛛想了想回答道：『人生最珍貴的是「得不到」。』

佛祖聽後，便在臨走前讓蜘蛛再想想。又過了很多很多年，佛祖再次問了蜘蛛同樣的問題，蜘蛛這次回答仍舊是『得不到』。就在這時，一陣風吹過，一顆晶瑩剔透的露珠落在了蜘蛛的網子上，蜘蛛對露珠甚是喜歡，每天都仔細的看著它。然而好景不常，沒過多久，又一陣風吹過，露珠被風吹走了。露珠的離開，讓蜘蛛感到很難過。這時，佛祖再次問蜘蛛：『什麼是人生中最珍貴的？』蜘蛛望著露珠離去的方

向，回答說：「是得不到和已失去。」

「既然你這樣認為，那你就到人間走一趟吧。」佛祖說。在佛祖的安排下，蜘蛛成為了一名富家小姐，名珠兒。在一次當朝皇帝舉辦的文武百官的聚會上，一名名叫甘露的男子在席間吟詩作對，贏得滿堂喝彩，也令珠兒芳心暗許。珠兒明白，這是上天賜給她的緣分。

過了一段時間，珠兒陪母親上香，遇到了甘露，在聊天當中，珠兒問及甘露是否記得十六年前寺院裡的蜘蛛，珠兒的問題令甘露感到莫名其妙。又過了幾日，珠兒被皇上指婚給芝草王子，而甘露卻娶了皇上的小女兒長風公主。這樣的消息令珠兒茶飯不思，傷心欲絕，就在她失去了對生命的渴望，回天乏術之時。芝草王子出現了，芝草王子在那日的聚會上對珠兒一見鍾情，求皇上賜了婚，如果珠兒因此而死，他也不會獨活。於是拿出了寶劍，準備自刎而死。

這時佛祖現身了，他對已經靈魂出竅的珠兒說：「那日你遇見了露珠，卻沒有想過露珠是誰帶來的，是風。所以對於你而言，露珠只是生命中的過客，他最終是屬於風的。而芝草是寺院門前的那株草，從你出現之日起，他就一直愛慕著你，只是你從未注意過他而已。」

說到這，佛祖再次問了珠兒那個問題，「人生最珍貴的是什麼？」「人生最珍貴的不是得不到和已失去，而是已經擁有的幸福。」聽到珠兒的回答，佛祖離開了。已經出竅的靈魂再次回到了身體裡，她急忙制止了正要自刎的芝草王子，有情人終成眷屬。

「施主，與其糾結與『得不到』和『已失去』，不如低頭看看自己現在已經擁有的。」師父說完，雙手合十，念了句法號後，就離開了。

這個故事釋然第一次聽師父講起，竟然聽得入了神，釋界幾次在他腳邊蹭來蹭去，釋然都沒有注意，他想不到世界上還有如此千迴百轉的故事。等他從故事中回到現實中時，天色已經不早了。想到明天還要上早課，釋然連忙離開了佛堂。只剩下秦羽站在佛堂裡，久久都沒有離開。

告別晚會

第二天依舊是個陰雨天，上完早課，釋然走出佛堂，看到秦羽已經起床了，正站在門口盯著雨水發呆，嘴裡自言自語道：「看來今天是下山無望了。」

「施主，既來之則安之吧。」釋恩師兄的話在釋然背後響起。

「也是，愁也沒有用。」說完，秦羽對著大家露出一個淺淺的微笑。雖然是下雨天，但是釋然卻覺得天一下子晴了。

經過前一天晚上與師父的對話，釋然發現秦羽明顯比之前開朗了，她不再一副鬱鬱寡歡的樣子，她的快樂幾乎帶動了廣緣寺所有的人。直至下午時分，連著下了三天的雨終於停了。

作為在廣緣寺留宿的最後一晚，秦羽提議大家來個「告別晚會」，並誠懇的邀請了廣緣寺所有的僧人參加。聽到這個消息，最雀躍的人當屬釋行了。作為修行的僧人，基本上沒有什麼娛樂活動，更不要說舉辦什麼晚會了。相比較於釋行的雀躍，釋然則有些悶悶不樂。在釋然的心裡，參加晚會就是沉醉於享樂之中，那與僧人的清修是背道而馳的事情，但是如果不參加，自己心裡有些捨不得，畢竟寺院裡的生活太乏味了。這樣左右為難的決定，釋然真不知道該如何決斷。不知道師父會怎麼想，會不會讓大家參加呢？對於釋然而言，只要師父同意，那自己面臨的問題就不再是問題了。

沒想到師父十分爽快的贊成了秦羽的提議，只是師父和戒緣師叔要談論佛法，就不參加了。只有戒嚴師叔一口答應了下來，有了師叔的參與，其餘僧人自然也放心大膽的參與了進來。

傍晚，大家一起用過齋飯後，就聚集在了院子裡。秦羽在中間點了幾根蠟燭，大家就圍坐在蠟燭周圍，形成一個圈。秦羽做起了臨時的主持人，為了帶動氣氛，她第一個表演了節目——邊唱邊跳了一支舞，秦羽的歌聲溫婉動聽，舞姿妙曼、衣袂飄飄，看得大家都睜大了眼睛。一曲完畢，秦羽迎來了十分熱烈的掌聲。

第二個表演的偉仔，釋然本以為偉仔會給大家講一個笑話，這樣才比較符合他留給大家的印象。結果偉仔卻出人意料的表演了一段「樂器」演奏，更令人驚奇的是，他所用的「樂器」是碗。偉仔用七個碗分別裝了不同分量的水，然後用一根木棍就敲了動人的旋律，那是一首釋然從來沒有聽過的曲子，也是他聽過最好聽的曲子，他

甚至聽得入了神，大家鼓了半天掌他都忽略了。直到秦羽的聲音傳來：「偉仔，你還留了這麼一手呢。今天真是讓我們大開眼界呀。」釋然才回過神來，轉而看向偉仔，偉仔羞澀的撓撓頭，不好意思的笑了。

第三個表演節目的是阿旭，阿旭唱了一首英文歌曲，釋然一句也沒聽懂，但是也學著大家的樣子，隨著歌聲的旋律晃動著身體。隨後釋然不禁感歎道，音樂果然是不分國界的。接下來大家都分別表演了節目，有唱歌、有跳舞，還有一個沒什麼特長的男生，現場模仿起了各種動物，逗得大家笑得肚子疼。

最後大學生都表演了完了，大家還是意猶未盡，於是開始邀請廣緣寺的僧人們表演節目，戒嚴師叔首當其衝，給大家朗誦了一首詩歌。釋然沒想到看起來很是粗狂的戒嚴師叔，在讀起詩的時候，居然也有文人一般的風範。

戒嚴師叔朗誦完詩歌後，釋行自告奮勇，說要給大家表演一段武術，然後就將他平時跟戒緣師叔學的功夫比劃了幾下子，雖然一看就是花拳繡腿，但是釋行認真的表現，還是博得了滿堂喝彩。

釋行表演完後，走到釋然身邊，對釋然說：「師兄，你表演個什麼節目呢？」

這個問題釋然還真的沒有想過，他什麼也不會，怎麼表演呢？他從小到大只聽過一首歌，那就是《送別》，可是他只聽過，沒唱過，萬一唱走調了，那就太丟人了。「我……我還沒想好。」釋然支支吾吾的回答。

見釋然沒有要表演的意思，釋恩師兄走到了中間，對大家說：「我自小生活在寺廟中，沒有什麼特殊的技能，只能在這裡給大家念一段經文，預祝大家明天一路順風。」說完，釋恩師兄就盤腿坐在地上，閉上眼睛，念念有詞的誦起經來。大學生們不懂經文，但是他們每一個人神情肅穆，也像大師兄那樣盤腿而坐，雙手合十。末了，大家異口同聲的念了一句「阿彌陀佛」。

釋恩師兄表演完後，就剩下釋然和釋果兩個人了。「釋然，你先吧。」釋果師兄先發制人，將釋然推到了前面。但釋然還是沒有勇氣站出來，連忙擺著手說：「我什麼也不會，還是師兄你先來吧。」

「你先！」

「你先！」

……

他們二人的推辭引來了大家的陣陣笑聲，最終釋果拗不過釋然，站到了中間，他也學著釋行的樣子，給大家表演了一段武術，只是由於不夠專注，動作看起來總有

些滑稽，大家被逗得再次哈哈大笑。笑得釋果一下子漲紅了臉，卻也不由自主的跟著笑了起來。

釋果也表演完了，所有人中只有釋然還沒有表演了。此刻釋然如坐針氈，不知如何是好。秦羽似乎看出了釋然的窘態，很合時宜的打了個哈欠，然後對大家說：「天色也不早了，要不我們睡覺去吧。」

或許大家也都等得不耐煩了，所以紛紛響應了秦羽的號召，回房睡覺了。釋然長長的舒了一口氣，心想著：總算不用出醜了。但是緊接著一種懊悔之情隨之而來，恐怕以後再也沒有見面的機會了吧，那麼大家都在節目中表達了自己的情誼，自己呢？什麼也沒有表達，哪怕是跑調的歌聲也好呀，至少大家會因此而記住他，但是現在一切都晚了。想到這裡，釋然忍不住求佛祖能夠讓時間倒回，只是就算佛祖聽到了釋然的心聲，恐怕也愛莫能助了。

釋果的相思

第二天太陽早早的就到天空中「報到」了，用過早上的齋飯後，秦羽一行人背上他們來時的大包，對師父謝了又謝後，便離開了。釋然望著他們遠去的背影，心中說不出的惆悵。此時釋然終於明白了什麼叫做「機不可失失不再來」了。

時間從來都不等人，一晃又過去了很多日子，釋然時常會想起那些大學生，尤其是秦羽，那個美麗溫柔的女孩。但是釋然發現，他的想念和釋果師兄的不同。釋然的想念只是偶爾會想到，並不會影響自己參禪念經。而釋果師兄則常常發呆，有一次還差點把一個年輕的女香客誤認成秦羽。有時候念著念著經，釋果就走神了，於是佛堂內就會出現一聲不和諧的音調。

「釋果師兄，你是不是生病了，怎麼成天無精打采的？」有一次，釋然趁大家都休息時候，問釋果師兄，他懷疑釋果師兄生病了。然而，釋果師兄只是淡淡看了一眼釋然，就離開了，這簡直和平時的釋果師兄判若兩人。

這天，吃過早餐後，大家都圍坐齋堂內，聽戒嚴師叔將佛經裡的故事，戒嚴師叔

的大肚子裡幾乎裝滿了故事，釋然記得自己小時候最愛跟在戒嚴師叔後面，因為不但有好吃的東西，還有好聽的故事。幾乎每個人都將耳朵豎起來，生怕漏掉精彩的環節。只有釋果師兄一副若有所思的樣子，釋果心想：再這樣下去，釋果師兄必然要挨戒嚴師叔一掌了，想到這裡，釋然的後腦勺似乎都在火辣辣的疼痛。

正講到精彩之處，忽然寺院裡傳來了王二的聲音，故事不得不終止了。大家極不情願的走到院子裡，看見王二正手扶著一棵大樹，累得氣喘吁吁。

「戒嚴師父，我給寺裡移了一株無花果樹，可是沒想到搬到半山腰，實在搬不動了，只好自己先上來，請各位小師父下山去幫個忙。」王二上氣不接下氣的說道。

一聽到無花果樹，釋行高興的拍起手來，因為這意味著夏天來臨時，大家就能吃到香甜的無花果了。還能晒一些無花果乾，在冬天的時候做乾果吃。想到這裡，釋然心裡原諒了王二打擾了他聽故事。

「釋果、釋然，你們二人去山下，幫王二施主將樹抬上來吧。」戒嚴師叔吩咐道。

「我也要去，師叔，我也要去。」釋行一聽沒有他的名字，轉身向戒嚴師叔哀求道。

「這個孩子，去吧，去吧。路上注意安全。」平日裡師父和師叔們就最疼釋行了，這個時候自然也是拿他沒辦法的。

於是，釋然跟著釋果、釋行，還有王二，四個人一起來到了半山腰上。王二移來的無花果樹並不大，但是花盆卻不小。一個人搬費力，兩個人抬又顯得多餘。釋果師兄顯然也意識到了這個問題，所以不等釋然動手，自己就搬起來了花盆，向前走去。

釋然跟著身後，幾次想替換下釋果師兄，可是他都悶聲不吭的走在前面，眼看就要到廣緣寺了，釋果依舊沒有停下來的意思，這一趟是白來了，釋然心想。

走到寺門口時，釋然看到戒嚴師叔和師父都已經等在門外了，見到釋然他們回來，師父首先雙手合十，對著王二念了一句法號，接著感謝了他對佛祖的敬意。然後對釋果說：「釋果啊，放下吧。」

釋果師兄便將手中的果樹放在了院子裡的空地上，正準備離去時，師父又對釋果師兄說了一句：「放下吧。」

明明已經放下了，師父又讓放下什麼呢？釋果師兄看看自己的雙手，上面什麼都沒有啊。難道師父沒有看到？於是連忙向師父解釋道：「師父，我已經放下了。」

「放下吧。」師父並沒有理會釋果的話，而是又重複一遍。這次不僅僅是釋果，

就連站在院子裡的其他人都愣住了，只有戒嚴師叔摸著下巴，一臉的笑意。難道師父暫時性失明了？釋然忍不住在心裡想。

「放下吧。」師父又重複了一遍。

這一次，釋果師兄原本緊鎖的眉頭，忽然展開了，原本滿臉的茫然，也因為師父的這句話而茅塞頓開，「阿彌陀佛，徒兒多謝師父開示。」師父聽到釋果師兄的話後，滿意的點了點頭，再也沒有說起「放下吧。」

「釋然師兄，師父到底讓釋果師兄放下什麼呀？」釋行昂著頭問釋然。

釋然有些無奈的看了看釋行，這個問題他該怎麼回答呢？他只知道，師父讓釋果師兄放下的肯定不是果樹，至於是什麼？釋然也不知道了。

令人煩惱的玩笑

要說這幾個大學生到來，給廣緣寺帶來的最大變化，那就是大家見識到了什麼是「愛情」。自從釋果師兄「放下」後，就恢復了他愛捉弄人的本性，經常拿釋然和小花開玩笑，一會說他們是青梅竹馬兩小無猜，一會又說釋界是他們之間的「定情信物」。

起初，釋然會因此感到臉紅，說的次數多了，釋然有些氣悶起來，認為釋果師兄有辱自己出家人的身分。為了「堵住」釋果師兄的嘴，釋然減少了與小花的聯繫。有一次釋然跟師父一起下山，師父特意提醒釋然有很久沒有去找小花了，結果卻遭到了釋然的拒絕。作為好朋友，釋然怎麼能不想念小花呢？小花一定也很想念自己與釋界，釋然想。可是為了避免遭人口舌，還是不要見面才好。這樣一來證明自己謹遵戒規，不近女色；二來，也讓小花減少不必要的麻煩。

這天，師父特意吩咐釋然給自己那兩株心愛的菊花澆水，釋然澆完其中一株時，師父忽然問道：「釋然，你愛色嗎？」

釋然聽到師父這樣問，驚得手中的水壺險些掉在地上，釋然首先想到的是，釋果師兄和自己開玩笑的話被師父聽到了，而且師父還當真了。當冷靜下來後，釋然又想到，這個問題簡直太難回答了。因為世間萬物包含「色」的東西太多了，臉色、美色、景色、花色……任何一件物品都有屬於自己的顏色。自己該怎樣回答呢？如果直接回答說「不愛」，那麼師父勢必會認為自己心裡想的是「美色」，但如果回答「愛」，那是不是又會被認為貪戀物質呢？

師父到底怎樣想的呢？釋然想來想去也猜不透師父的用意，最後只好硬著頭皮回答說：「不愛！」師父聽後，竟笑了起來，似乎已經猜透了釋然的心思，於是繼續問道：「你確定你已經想好了？當你面對考驗的時候，還會依舊如此回答嗎？」

師父的問題讓釋然不得不肯定，師父已經知道了有關於他與小花之間的傳言，這一定是師父在試探自己，於是這一次底氣十足的回答說：「當然能！」這一次師父笑得更厲害了。自己到底回答的對不對呢？釋然急於知道答案，可師父卻只是笑，不說話。

「師父，那我能問你個問題嗎？」釋然想，知道了師父的答案，不就知道自己回答得對不對了嗎？

「你問吧。」

得到師父的許可後，釋然大著膽子問：「師父，你愛色嗎？當您面對美色的誘惑時，您能坦然面對嗎？」

釋然的問題一問出，師父忍不住「哈哈」大笑起來，說：「果然不出我所料，我猜你一定會這樣問我。在為師看來，再美的美色也不過是美麗修飾後的皮囊而已，我愛與不愛沒有什麼分別，只要自己能夠在面對的時候不為所動，又何必太在意別人的看法呢？」

師父的一席話令釋然豁然明白，原來師父是在想辦法開導自己，想必自己這些日子來的煩悶被全落在師父的眼睛裡了。

「釋然，你可知道這世界上有多少人嗎？」師父最後問道，然後不等釋然回答，就繼續說道：「有幾十億的人口。如果你活在別人的眼光裡，那你還怎麼做你自己呢？太在意別人的看法，你就會成為被他人操縱的傀儡，這只會讓你活得更累，更痛苦，最終越來越不像自己。」

是呀，如果自己不這麼在意他人的眼光，就不會因為釋果師兄的玩笑話而氣惱煩悶，也不會因此而疏遠小花。事實上，自己對所做的事情問心無愧，又何必那麼在

意別人的評價呢?經過師父的這一番教誨，當釋果再拿自己說笑時，釋然並不似從前那樣著急著解釋，甚至生氣，而是微微一笑，彷彿釋果師兄說得是別人的事情，與自己毫無關聯。如此幾次，釋果師兄也意識到釋然在這件事情上開悟了，便再也沒有開過類似的玩笑。

再次下山，釋行催促師父早早辦完事後，就來到了李三家中，把這段日子以來釋界在寺院中的表現，一一向小花做了彙報，聽得小花「咯咯」的笑個不停。還是做自己最輕鬆呀，釋然感歎道。

花錢買快樂

「釋然師兄，你快樂嗎？」一大早，釋行就纏著釋然問起這個問題來。釋然放下手中的掃把，看著掃了一半的落葉，心想：在晌午之前，恐怕又掃不完了。自己是該回答快樂呢？還是該回答不快樂呢？近日來，釋然聽釋行問這個問題，聽得耳朵已經快長繭了。

不管釋然回答「快樂」還是「不快樂」，釋行都有一大堆「為什麼」在後面等著。現在釋恩和釋果師兄一見了釋行就繞道而行，只有釋界會一邊打呼，一邊忍受著釋行在自己耳邊問無數遍的「你快樂嗎？」一聽到這個問題，釋然的頭就一個變成兩個大，而這一切都是因為那個上山來找「快樂」的老頭。

想到那個「老頭」，釋然至今還記憶猶新，因為他要找的東西太奇怪了，是既看不到，又摸不著的「快樂」。

那天，大家都在佛堂裡上早課，忽然傳來一陣敲門聲，師父示意釋然去開門，他邊走邊琢磨，這麼早會是誰呢？打開寺院大門一看，只見一個老者，衣著講究，手

裡拿著一個公事包。看見釋然後，老者立刻露出和善的笑容，只是一張嘴露出的金色的門牙，讓釋然覺得有些刺眼。

得知大家正在上早課，老者恭敬的站在佛堂門口等候，等大家都早課結束後，老者才慢慢走進佛堂裡，拿出三炷香點燃，插在香爐裡，然後雙手合十跪在蒲團上，對佛祖說道：「我遠道而來，希望能夠取得讓自己快樂的方法。」

來寺院裡請願的人很多，有的會說「保佑家庭和睦」，有的會說「保佑家人平安健康」，還有的說「保佑自己的兒女考上大學」……這種向佛祖請求快樂方法的人，釋然還是第一次遇到。想必大家也跟釋然一樣，所以紛紛停住了腳步，就連師父也不例外。

老者見師父停住，便轉過身來，面對著師父說：「大師可否指點一二？若能夠令我重拾以前的快樂，我願意將我畢生一半的所得給廣緣寺種福田。」

「阿彌陀佛。」師父雙手合十，打著佛號，「不知施主有何不快樂呢？」

老者見師父願意開示他，便說起自己的情況來。他原本是一名普通的農民，那時候每天日出而作日落而息，日子雖不算富裕，但是也落個輕鬆自在，最大的煩心事就是地裡的稻秧被老鼠啃去了幾根。後來村裡的人都到都市裡去打工，他也跟著出來了。沒有一技之長的他先是在工地上當工人，後來他漸漸成了工頭，再後來他開了自己的建築公司。人越來越忙，忙得孩子怎麼長大的，他都沒有印象，忙得妻子的臉上怎麼長出了皺紋，他也不知道。

起初，他還能因為一筆合約談成了而興奮半天，從中感受到些快樂，可是漸漸的這些也變得不重要了，能夠讓他快樂的事情越來越少。孩子與他關係生疏，考上大學就出國留學了，很久都不回來。妻子一直做家庭主婦，思想觀念已經和他想去很遠，兩人之間早已沒有了當初的共同語言。朋友見他鬱鬱寡歡，告訴他有錢就可以快樂，於是帶著他流連於娛樂場所，錢是花了不少，但快樂總是暫時的……

就這樣，老者一直在說他的過往。釋然吃過早餐過去，他還在說。釋然睡醒午覺，他還在說。而師父則坐在一旁打坐，一直未開口說話。釋然有些心疼起師父來，老者所說的那些話，是釋然從未聽說過的生活，所以他也不理解為什麼有錢了，快樂卻沒了。就拿經常來廣緣寺的王二和李三來說，王二每次賺到錢都會特別開心，而李三則總是因為錢不夠花而苦惱。這樣看來，老者應該擁有很多快樂才對呀？

可是老者說來說去怎麼都是一些不快樂的事情呢？最後，老者說著說著，竟然

說累了，坐在蒲團上打起盹來。師父不忍打擾他，便悄悄的離開了。釋然也來到院子裡，將快要見底的水缸倒滿水。大約過了一個多小時，老者忽然從佛堂中衝了出來，一邊跑一邊大聲喊著：「師父，不好了。我的皮包不見了，裡面可是放著我的全部身家呀！」老者一臉的驚慌失措，把釋然都嚇了一跳。

上次的丟錢包的烏龍事件，還歷歷在目，雖然後來得到了澄清，但是這樣的事情，誰也不想再發生第二次。廣緣寺的眾僧人是斷斷不會拿的，難道是進來小偷了，可是自己一直在院子裡勞作，沒見到半個人影進來啊。釋然覺得這次麻煩大了，甚至懷疑是這個老者自己藏起來，故意要陷害大家。

師父聽到聲音，也從禪房裡走了出來。先是勸慰了老者後，就吩咐釋然幾個人到處幫忙找一找。就在大家準備分頭尋找之際，釋行忽然指著樹上說：「你們看釋界嘴裡叼的是什麼？」

大家一聽，紛紛抬起頭來看，那不正是老者的皮包嗎？原來是被釋界給叼走了。釋界似乎也意識到了自己拿了不該拿的東西，於是乖乖的將皮包放到了師父的腳邊。

老者看到失而復得的皮包，高興的喜極而泣，不斷的說道：「沒丟就好，沒丟就好。」

師父在一旁，也跟著笑了起來，並說道：「看來施主不用再花錢買快樂了。」老者不知道師父這句話用意何在，自己分明還沒有找到快樂，為什麼不用「買」了？

「因為你原本就有快樂。」師父最後補充道。老者站在原地想了很久，終於想通了。

雖然釋然不明白老者之前為什麼說自己不快樂，但是他似乎也明白了。只有釋行，怎麼也沒有想明白？為什麼老者說他不快樂，但師父卻說他的快樂一直都在呢？

做法事

釋然花了幾天的工夫，終於讓釋行明白了師父對那位老者的開悟。晚上終於可以睡個好覺了，釋然心想。然而這天天還沒亮，他就被一陣敲門聲吵醒了，這麼早會是誰呢？釋然猜測著，不一會院子裡就傳來了一陣窸窸窣窣的聲音。抬頭看看還在打呼的釋行，釋然搖了搖頭，想到去年的這個時候，自己還沒有舉行過成人禮，不用和師兄們一起上早課，也如釋行一般，一覺睡到大天亮，那樣的生活是何等愜意呀。而現在，卻只有羨慕釋行的份了。

本想著來人與自己無關，趁著師父的木魚聲還沒有響起，釋然準備再睡一會，豈料釋行忽然翻了個身，嘴裡嘟囔了一句：「吃大包子。」睡覺都忘不了吃，釋然苦笑道，但是卻怎麼也睡不著了，腦海裡不斷迴盪著釋行那句「大包子」。與其在這裡輾轉反側，不如起床誦經去吧，也好將自己肚子裡的「饞蟲」趕走。這樣想著，釋然起身穿好了衣服鞋子，輕輕打開禪房的門，向佛堂的方向走去。

還沒走進佛堂，就聽見裡面傳來了說話聲：「師父，您就隨我下山一趟吧，只要能圓了我父親這個心願，價錢不是問題。」

「莊施主，不是什麼都可以用金錢來衡量的。」師父頓了頓，又繼續說道：「你父親與我也是有緣之人，既然他臨終前希望我能送他一程，那貧僧就隨你走這一趟吧。」

「多謝師父，多謝師父。」莊施主忙不迭的道謝。

「貧僧還需要準備準備，施主且稍等一會。」師父說完，就走出了佛堂，正好看見站在門外的釋然。

「釋然，既然你已經起來了，就幫為師將你大師兄和二師兄也叫起來吧。為師要帶你們下山去做場法事。」

這是師父第一次帶釋然為人做法事，師父上一次做法事時還是很久以前，那時候釋然還小，所以錯過了，當時釋然為此惋惜了很久，沒想到自己還有機會再次遇到，釋然不禁有些雀躍，連忙跑向師兄們的禪房，將他們喊了起來。

這一次，被留在寺裡的是釋行，看著釋行嘟著小嘴站在戒嚴師叔旁邊的樣子，早上釋然對釋行的羨慕之情頓時被拋到了九霄雲外。走在下山的路上，釋然忍不住打量起這位莊施主來。

據說這個莊老闆比王二還要有錢得多，早已經在都市買了大房子，只有他的父親還住在小鎮上。那個微胖和善的老人釋然有印象，因為身體不好，莊老闆的父親很少上山拜佛，但是每年的正月初一，他都會上山來在菩薩面前虔誠的燒一炷香，然後跟師父坐在一起聊很久。想到明年初一時再也見不到這位和善的老人，釋然心裡多了些許的難過。

天微微亮時，釋然一行人趕到了莊施主父親的家中。這位老人的住房十分簡樸，不大的院子裡種著許多花花草草，他的靈位就設在院子的最中間。見到死者，師父先是拜了三拜，然後便坐在地上為死者誦起經文來。釋然也連忙學著師父的樣子坐在地上，手撚著佛珠，專心的為逝者誦經。

一天下來，釋然只覺得比在寺院掃一天地還累。用過莊老闆為大家準備的晚餐後，釋然正準備隨師父去休息。忽然聽見院子裡面嘈雜起來，一個尖銳的女聲傳來：「我憑什麼要跪他，他盡過一天當父親的責任嗎？」

「可是他終究是我們的父親，況且他現在已經不在了，有什麼恩怨就讓它過去吧。」莊老闆的聲音傳來。

「過去？難道你就不恨他，小時候你被人家追著屁股後面罵『沒爹的孩子』時，你就不恨他嗎？你能原諒，我做不到，想讓我再叫他一聲『爸』？門都沒有！我就是要讓他死不瞑目。」那女人的話語越來越刻薄。

只聽見「啪」的一聲，釋然心裡一驚，隨後就能聽見那女人呼天搶地的喊起來。釋然連忙雙手合十，念了句「阿彌陀佛」。

「這本是人家的家務事，我們不該插手，只是死者為大，這樣鬧下去，恐怕莊施主的父親無法了無牽掛的離去了。徒兒們，為師去看看。」師父說完，就折回了院子裡，釋然連忙跟上

只見一個三十多歲的女人正坐在地上哭泣，一旁站著束手無策的莊老闆。見到師父，莊老闆有些尷尬，隨後對著師父解釋說：「這是我妹妹，本來想讓她來祭奠下父親，卻沒想到她……」

師父伸出手示意莊老闆不要再繼續說下去，然後走到那個女人身邊，說：「女施主，貧僧剛才聽你說，你很恨死者是嗎？」

「是，我恨他。」女人止住了哭泣，回答師父。

「那你這些年過得快樂嗎？」師父繼續問道。

「快樂？從我小時候經常被人欺負開始，我就不知道什麼叫做快樂。而這一切都

是因為他。」女人說著，用手指向放在靈堂的遺像。

「既然恨他也不能讓你快樂，你為什麼不嘗試著停止去恨他呢？或許當你不再恨他時，你就能感覺到快樂了。」師父說。

女人回過頭望著師父，她顯然沒有想過這個問題。

「你父親最後一次與我見面時，就知道自己時日不多了。他對我說，他這一生當中都活在愧疚當中，他已經用這些愧疚懲罰了自己，你又何苦用痛恨來懲罰自己呢？」師父繼續說道。

聽了師父的話，女人又哭了，只是這次不再是嚎啕大哭，而是坐在靈堂前默默的流淚。見此狀，師父念了句「阿彌陀佛」，然後帶著釋然幾個離開了。

入夜後，師兄們開始猜測莊老闆的父親與兒女之間的恩怨，只有釋然坐在角落裡不吭聲，釋然覺得，這些往事就讓它隨著莊老闆的父親深埋於地下吧。師父似乎看出了釋然的心思，對著釋然露出一個意味深長的笑容後，就敲著木魚念起經來。

這樣的法事要做三天，接下來的兩天都在相安無事中度過。雖然很累，但是能有這樣一個增加自己修為的機會，釋然還是很開心的，期間釋然也曾擔心過莊老闆的妹妹會再來大鬧靈堂，這女人哭起來簡直太可怕了。然而結果證明釋然多慮了，莊老闆的妹妹早已經離開了。在離開前，莊老闆的妹妹在父親的靈位前上了一炷香，為此，莊老闆對師父感恩戴德。

三天很快過了，終於要回廣緣寺了，離開這麼多天，釋然已經有些思念師叔和師弟了。再次走在縣城的大街上，釋然發現縣城要比小鎮上熱鬧多了，到處都是叫賣聲。釋然緊跟在師父身後，生怕與師父走散了。忽然，師父放慢了腳步，看著一個地方不動了。釋然隨著師父的眼光望去，只見一個婦人跪在街邊，面前放了一個黑漆漆的看不出是什麼材質的花瓶和一張寫滿了字的白紙，周圍站了很多人，有的對著婦人指指點點，有的在一邊竊竊私語。

「師父，前面發生什麼事情了？」第一次遇到這種情況的釋然問道，這個婦人的

穿著打扮不像是行街乞討的，但是也不像是賣東西的。

「過去看看就知道了。」師父示意釋然跟著自己一起過去探個究竟。走到跟前，釋然才看清白紙上寫的字：「本人丈夫在一起意外中死亡，現在獨自撫養一兒一女，現今小女兒生病，急需一筆龐大的醫療費用，只能變賣家產來湊錢，這個花瓶是我們家傳的寶貝，願有識之士能夠慷慨解囊，救救我的女兒。」

又是一位偉大的母親，釋然的心又被觸動了，十分想幫助這位母親，他抬起頭看了看師父，師父自然明白釋然的心思，可是出家人的日子本來就過得清苦，維持自身的溫飽都已經不錯了，哪裡還有餘力去幫助他人呢？師父閉著眼睛，雙手合十，念了一句「阿彌陀佛」，釋然便知道了師父的意思。

就在他們準備離開之際，一個穿著對襟長衫，頭髮根根分明的商人蹲在了婦人的面前，婦人頓時眼前一亮。只見那人拿起花瓶，放在手中看了看，問婦人：「這是鐵的？」婦人一聽，連忙搖著頭說：「是金的，我聽我祖父說，這是皇帝賜給我太祖父的。這花瓶上裝飾，也都是寶石做成的。」

商人一聽，用袖子擦了擦有寶石的地方，不一會就露出了黃金的光澤，釋然看到商人眼中流露出一絲驚喜的神色。接著，商人又拿出隨身攜帶的手絹，擦了擦瓶身，黑色的汙垢掉下後，隱約露出些金黃色，商人臉上欣喜之色，只是稍縱即逝。

看來這個婦人說的是真的，釋然心想，不知道這個商人會出多少錢呢？釋然滿懷著期待，自己幫不了這個婦人，看到別人能幫助她，自己的心裡多少會舒服一點。可是釋然沒想到的是，這個商人把花瓶往地上一放，語氣不屑的對婦人說：「你這個花瓶呀，就是仿得比較像，其實不值什麼錢，這瓶身是銅的，所謂的寶石都是玻璃製成的，而且還這麼髒，我看也就值個幾十塊錢。不過我看你也挺可憐的，給你兩百塊錢吧。」

「不會吧？原來是假的？」

「這個花瓶我看也有年頭了，不像是假的呀？」

「說不定就是這個女人在騙錢。」

……

一聽到商人這麼說，周圍的人立刻七嘴八舌的議論起來。一時間，釋然都有些迷茫了。只好向師父投去詢問的目光，而師父卻沒有看釋然，而是看著那位商人念了一句：「阿彌陀佛，善哉善哉。」

師父這句別有深意的話，讓釋然更加摸不著頭緒了。

跪在地上的婦人，聽著周圍人的議論，雙眼噙滿了淚水，自言自語道：「怎麼會是假的呢？我父親傳給我時，告訴我這是傳家之寶，讓我好好保管的。」婦人一邊哭一邊說，聽到的人無不為之動容。

釋然再次把目光投向了那位商人，商人的眼中有一絲慌亂，但很快就恢復了平靜。「這位大哥，你再仔細看看，這花瓶只不過是年久未經整理，所以看起來很髒，可它確實是個寶貝呀。」婦人忽然抱住了商人的大腿，用祈求的眼光看著這位商人，眾人的目光也都投向了商人，似乎都在等著看他是否會見死不救。

「這……我說大妹子，你先放開我，這大街上拉拉扯扯的，不好看啊。」商人尷尬的看著婦人，婦人一聽，鬆開了自己的雙手，但雙眼依舊祈求的望著商人。「我在古董行裡混了幾十年了，看東西從來沒有走眼過。你這個確實是假的。這樣吧，我再給你加點錢，一千塊錢吧，我就當做善事了。」商人說道，似乎下了很大的決心，才做出這樣的決定。

婦人一聽，眼淚就像斷了線的珠子一樣，先是搖著頭，最後終於點了點頭。商人見狀，立刻從衣袋中掏出一千元，放到了婦人面前，然後抱起花瓶就走了。婦人抹著眼淚，緩緩的將那一千元拿了過來，然後放進了口袋中，站起來默默的離開了。

周圍的看熱鬧的人群，也散開了。

天色漸漸暗了下來，釋然和師父相對無語的走在路上。釋然腦子裡一直不停的閃爍著那個婦人和那個商人的臉，他們二人究竟誰騙了誰呢?釋然想來想去都想不到答案，偷偷看一眼師父，他也是一副若有所思的樣子。

「師父，那個商人還有那個婦人，他們兩個人究竟誰是騙子?」釋然最終還是沒有忍住心中的疑問。

「這還用問，一定是那個商人。」一旁的釋果師兄說。

「釋然啊，不管是誰騙了誰，但有一個道理是不變的，那就是『欺人者終自欺』。」師父望著不遠處的廣緣寺，回答釋然。

「欺人者終自欺。」這句話久久迴盪在山谷中，那什麼時候才輪到「自欺」呢?釋然忍不住想。

冬日晨練

深秋過後，天冷的有點突然，前一天還陽光普照，後一天就凍得人發抖，讓人猝不及防。釋然沒有及時添加衣服，於是很不幸的感冒了。同時感冒的還有釋果師兄和釋行師弟，早課上，戒嚴師叔望著操著濃重鼻音誦經的三人，不住的歎氣搖頭，眼神裡寫滿了關愛。於是，當天的早餐裡，多了一道紅棗薑茶。

一碗熱呼呼，甜滋滋的紅棗薑茶下肚後，釋然感覺自己的身子輕省了很多，頭也不那麼重重的了，當天感冒就痊癒了。

因為這次感冒，戒嚴師叔和師父商量了一下，決定每天的早課推遲半個小時，讓大家用來鍛鍊身體，就連不用上早課的釋行也不例外。這個消息對於大家而言，簡直猶如晴天霹靂，在寒冷的早晨鍛鍊身體，釋然只是想想，都覺得渾身發抖，但是師父既然已經決定，那必定是已經沒有轉圜的餘地了。

第二天，天剛微微亮，佛堂裡就傳來了師父的木魚聲，只是這木魚聲不再是提醒大家該上早課了，而是叫大家起床去鍛鍊身體了。釋然和釋行無奈的對望了一眼，不情願的穿好衣服走出禪房，戒嚴師叔已經等在門口了。

「今天，你們就從山上跑到山下，再從山下跑上來。半個時辰為限，最後一名負責打掃茅房。」戒嚴師叔說完，就離開了，剩下哀聲一片。

「看來是半個時辰太少了，你們還有時間在這裡唉聲歎氣。」戒嚴師叔頭也不回的說道，完全不像是平時疼愛他們的那個師叔。

冬天的清晨，冷得骨頭似乎都要凍裂了。釋然腳步踉蹌的跑著，風呼呼的從耳邊吹過，「還不如直接回去掃廁所算了！」釋然邊跑邊想，腳步也不由自主的慢了下來。

「釋然，快點跟上。」釋恩師兄的聲音從前方傳來。

「大師兄，我們休息一下吧，我都跑不動了。」釋行一邊用衣袖擦了擦被凍出來的鼻涕，一邊喘著粗氣對大師兄說。

「難道你想打掃茅房嗎？更何況，停下來只會讓你更冷。」釋恩師兄頭也不回的回答。

當從山下往山上跑時，大家都已經筋疲力盡了。但是卻感覺不似那麼冷了，等跑回廣緣寺時，釋然的鼻尖上還冒出了細密的汗珠。但遺憾的是，所有人的用時都超過了半個時辰，於是當天的茅房被打掃的分外乾淨，釋然認為那是「團結」的力量。

第三天，師父的木魚聲準時響起。第四日也是如此……漸漸的，抱怨聲沒有了，大家似乎已經習慣了每日跑上一圈回來後再上早課。

一個星期過去了，所有人都能在半個時辰的時間裡跑會廣緣寺了。就在釋然感覺跑步這件事開始變得輕鬆時，戒嚴師叔分給每人兩個裝了沙子的布袋子，並讓大家從此在腿上綁上布袋子去跑步。然後全然不顧大家長大的嘴巴，扭身就走了。

釋然掂了掂手中的布袋子，只聽見裡面傳來「沙沙」的聲音，分量雖然不是很重，但是綁在腿上跑步，那也是不小的負擔吧，釋然想著，眉頭皺了「川」，看來又要集體打掃茅房了。

結果果然不出釋然所料，大家再一次沒有在規定的時間內跑回廣緣寺。但是有了上一個星期的經驗，釋然相信用不了一個星期，他們就不用集體打掃茅房了。結果果然如釋然所料，一個星期後，即便是腳上綁著沙袋，他們也能在半個時辰內趕回廣緣寺。

接著，沙袋的重量每日都在增加，但是釋然已經感覺不到沉重了。回想剛剛開始跑步時，自己還認為在半個小時內從山上到山下跑個來回是那麼難的一件事，再看看現在的自己，釋然忽然意識到，「堅持」是多麼重要的一個詞語。

頑劣的少年

轉眼間已經到了深冬。早晨還未打開禪房的門，釋然就感到了屋外颼颼的寒風，於是忍不住又往被窩裡縮了縮，讓這溫暖持續的再久一點吧。然而還沒一分鐘，師父的木魚聲就從佛堂傳來了，釋然一邊歎著氣，一邊穿好衣服，外面套上劉大娘今年給他做的新棉衣，儘管如此，釋然坐在大殿裡誦經時，還是會被凍得手腳麻木。

做僧人是份苦差事，尤其是到了冬天，洗衣擇菜時，要把手放進冰涼的水中，那感覺就像上刑一般。所以，釋然手上和腳上的凍瘡，年年都會復發，那種又痛又癢的感覺，常常讓釋然失去了誦經的心情。每到此時，釋然就會想：自己的父母在哪裡？如果能讓自己感受下母愛的溫暖，那哪怕是一天也好。

早課結束後，劉大娘帶著一對母子進了寺院的大門。劉大娘是廣緣寺的常客了，而眼前的這對母子，釋然還是第一次見到，他們應該不是山下小鎮上的居民。劉大娘似乎猜到了釋然的心思，還未等大家開口詢問，就主動說道：「他們母子是剛搬到小鎮上的，離我家不遠。陳大妹子有事相求於師父，所以我特地帶他們上山來。」劉

大娘說完，指了指身邊的中年女子，也就是劉大娘口中的陳大妹子。

有事相求？會是什麼事呢？釋然在心裡嘀咕著，忍不住打量起這對母子來。母親穿著時尚一些，不像是小鎮上婦女們的穿著。兒子大約十五六的樣子，雙手插在褲口袋裡，一條腿不停的抖著，長得倒是眉清目秀，但是卻一臉的玩世不恭。釋然預感到，這個陳大妹子想要求師父的事情，八成和眼前這個男孩兒有關。

果然不出釋然所料，陳姓婦女一見到師父，就立刻跪在地上，請求師父收他的兒子作為俗家弟子。上山要求自己出家的人不少，要求讓自己孩子出家的人，釋然還是第一次見到。再看師父，也有些被震驚到的樣子。陳姓婦女跪在地上，哭訴著讓自己兒子出家的原因。

原來，這是個單親母親，早年跟丈夫離婚後獨自帶著兒子生活，為了給孩子優越的物質生活，她晚睡早起的工作，對孩子疏於管教，當她意識到問題的嚴重性時，她的兒子已經頑劣不堪，不服管教了。為此，她從都市搬到了這個靠山的小鎮上，為的就是這裡淳樸的民風能夠影響兒子的秉性。然而，搬來沒多久，兒子就與人打架，將人打進了醫院。無奈之下，這位母親才上山來，希望能夠透過佛祖的慈悲之心，感化自己的兒子，讓兒子成為向善之人。

師父靜靜聽完這位母親的訴說，抬頭看了看站在一旁的少年，那位少年與釋然差不多的身高，但兩人站在一起卻是截然不同的兩種人，釋然身上散發著這個年齡孩子應有的蓬勃朝氣，而這個少年身上卻充滿了戾氣。釋然看得出，這個少年並不想成為佛家的俗家弟子，他眼神中透露出的不屑，讓釋然替這位母親難過。釋然雖然沒有感受過母愛，但是他從這位母親那雙布滿淚水的眼睛中看到了母愛的樣子。

面對這位母親的愛子之心，師父實在不忍拒絕，但是也未答應收少年為徒，只是同意少年暫時留在寺院中，並囑咐釋然照顧好他。

釋然聽了不禁暗暗叫苦，釋行一個師弟就已經很讓他頭痛了，現在又來一個，釋然恐怕自己招架不住。

很快釋然的害怕就變成了真的。

吃午餐時，少年就因為齋飯清淡而摔了碗筷，引來了眾僧人的不滿，唯有師父像什麼也沒發生一樣。下午大家都在寺院裡勞作，唯有少年坐在一旁無所事事。釋然看在眼裡，急在心裡，腦海中不斷浮現出那位母親飽含淚水的雙眼，佛教不是講渡人渡己嗎？那自己要想個辦法幫少年走入正途才好。

入夜，眾僧人都準備睡覺了，少年來到釋然面前，「小和尚，我要洗澡睡覺？哪

裡有熱水？」少年的語氣裡絲毫沒有求於他人的客氣。

「請隨我來吧。」釋然回答道，心裡想著，這或許是點化少年的機會。

釋然拿出了自己洗漱的盆子，然後倒上熱水，卻沒有招呼少年洗，而是自己洗起腳來。少年不知釋然葫蘆裡賣的什麼藥，只好站在一旁看著。釋然洗完了腳，問少年道：「施主，您說這水還能喝嗎？」

「你當我是傻子嗎？洗了腳的水怎麼能喝呢？」少年有些生氣的回答釋然。

對於少年的答案，釋然很滿意，「是啊，洗過腳的水已經髒了，怎麼還能喝呢？」

說完，釋然將盆中的水倒掉，然後舉著空盆子問少年：「施主，明天用這個盆子洗菜做飯可否？」

少年一聽，有些憤怒了，對釋然叫嚷道：「你這和尚，誠心為難我是嗎？洗過腳的盆子怎可用來洗菜做飯！」

「原來施主你什麼都明白，汙穢的東西，人人都不願意去理睬。同樣的道理，人若經常說謊打架，頑劣不堪，也得不到別人的喜愛，甚至被人所厭惡。」釋然說完，看著少年，心想：但願自己這一番話不要惹怒了這個少年才好，萬一自己被打一頓，那可真是自討苦吃。

於是繼續補充道：「施主，你的一生還長，可不要讓自己做了髒盆子啊。」

少年聽了釋然的話，不再吭聲。釋然便找了個說辭，離開了少年。

第二天一早，釋然來到少年的禪房前，打算邀請少年一起上早課，然後敲了半天門卻沒有人應，釋然推開門一看，少年早已不見了蹤影。桌子上放了一張紙條，上面用歪歪扭扭的字體寫道：「謝謝你。」

這是寫給誰的？是寫給自己的嗎？釋然想。

一捆柴火的力量

少年的突然離開，在廣緣寺引起了不小的轟動。他母親將他託付給師父，結果一夜過後人卻不見了，儘管釋然已經將前一天自己與少年之間發生的一切都跟師父坦白了，並推測少年應該是回家了。但是為了少年的安全，師父還是一大早就下山去找劉大娘了。

師父剛走不久，廣緣寺裡就來了一位客人，雖然師父經常教導釋然「眾生平等」，但是在看到這個只有一隻胳膊的人時，釋然還是忍不住多看了幾眼，倒不是因為此人身體上的缺陷，而是因為他雖然身體存在缺陷，但是卻有著一種器宇不凡的風度。

「小師父，戒塵師父在嗎？」獨臂人見到釋然，開口問道。

通常香客們進了廣緣寺第一件事情都是拜菩薩，而他卻先找師父。難道他跟師父認識嗎？可是釋然又從來沒有見過他。

「師父今天一早就下山了，還沒有回來。」釋然如實回答，聽到此話，獨臂施主的眼中閃過一絲失望。

「施主跟我師父人認識嗎？」釋然終是沒有藏住內心的疑問，向獨臂施主詢問起來。

「我們可是舊相識了。」面對釋然的追根究柢，獨臂施主並沒有介意，一直都很嚴肅的臉上露出些許笑容。人往往對自己身邊的人的故事都會格外關注，釋然也不例外，曾經為了將每個人的過往都記錄下來，釋然還嘗試過給每個人寫回憶錄，雖然這件事情最後不了了之，但是卻引起了釋然對每個人過去的熱衷探究，尤其是師父的。因此，為了了解這份自己不了解的「過往」，釋然以「等師父回來」為由，熱情的邀請獨臂施主到禪房休息，獨臂施主欣然答應。

獨臂施主或許是看出了釋然的小心思，或許是也想找個人分享一下曾經的往事，竟然主動對釋然說起了他與師父相識的過程。

「記得那年冬天非常冷，我連著兩天沒有討到飯吃。」討飯？釋然想過很多種開始，卻沒想到眼前這個人曾經是一名乞丐。獨臂施主看著釋然，彷彿在對他說：「你沒想到吧。」

「飢寒交迫之際，聽人家說山上有寺院，我就想出家人慈悲為懷，說不定會賞我

口飯吃。於是，忍著飢餓爬上了山，見到了戒塵師父，那時候寺院裡除了戒塵師父外，只有一個小和尚。」釋然想，那應該就是釋恩師兄了。

「是釋恩師兄嗎？」釋然雖然已經知道了答案，但還是忍不住問了一下，萬一是自己不認識的呢。

「嗯，應該就是了，那時候你師父還很年輕呢。看見一身破破爛爛的我，絲毫沒有流露出嫌棄的表情，當時我想自己碰到善人了，不會餓死了。可是戒塵師父卻讓我幫他將豎在寺院牆外的柴火都搬到後院去，我心裡雖然很不情願，但是既然已經上了山，不填飽肚子，恐怕連下山的力氣都沒有了。於是只好在寒風中，一趟一趟的將柴火搬到了後院。因為只有一隻手，我整整搬了兩個多小時。心裡不免對你師父生出了怨言。」

師父怎麼能這樣呢？釋然忍不住想，可能是因為師父年輕時修為不夠，所以才會為難這位施主吧，難道他今天是來向師父炫耀自己的成功的？釋然開始有些憤憤不平了，氣憤於世人的庸俗。

獨臂施主沉浸在自己的回憶當中，全然沒有注意到釋然的情緒變化，他接著說道：「搬完所有的柴火，我累得坐在牆邊站不起來，但是身上卻暖和了很多。這時，戒塵師父端著兩碗齋飯出來了，一碗給了我，然後自己端著另外一碗和我坐在一起吃。我們一邊吃，一邊聊天，心裡的不愉快也消失了。那是我記憶中吃得最快樂的一頓飯，因為有人願意跟我坐在一起吃飯，而不是捂著鼻子放下食物就離開。」

「那後來呢？」釋然問道，他覺得事情不會這麼簡單就結束。

「吃過飯後，我對戒塵師父說了聲『謝謝』，但是戒塵師父卻對我說『不用謝，這是你自己的勞動所得。』這句話我一直沒有忘記，這也是我能夠有今天的動力。因為戒塵師父，讓我明白了，我雖然只有一隻胳膊，但是我也可以憑藉自己的勞工賺口飯吃。下山後，我就到了鎮上的磚廠搬磚，後來又到建築工地上，一邊搬運建築材料，一邊學著怎樣蓋房子，再後來自己承包了工程……現在不會再為填飽肚子而煩惱，但是那碗白米飯的味道，卻是我記憶中最美的味道。」說到這裡，獨臂施主的眼眶微微泛紅，這時，從門外走進來一個人，看樣子應該是與獨臂施主一同上山來的，那人與獨臂施主耳語了幾句，獨臂施主就起身告辭了。

這一整天，釋然都沉浸在這段過往中，期待著師父早點歸來，好把這件事情告訴師父，如果師父知道自己曾經的舉動對一個人有如此之大的幫助，一定會非常高興。

天色漸晚時，師父終於回來了。釋然將白天的一切一五一十的告訴了師父，言語

中無不透露出對師父的敬仰之情，原本以為師父會很滿意的點點頭，結果師父卻轉著手中的佛珠說了句：「阿彌陀佛，善哉善哉，那捆柴火為師又用了半個時辰的時間，從後院搬回了前院。」

師父的回答令釋然大吃一驚，「師父，那您為什麼還要……？」

「因為我能給他的，也就只有這些了。」說完，師父向自己的禪房走去，只留下被月光拖得長長的影子。

「對了，師父，您找到那個少年了嗎？」釋然對著師父的背影，連忙問道，這可是更重要的事情，萬一那個少年沒有回家，那廣緣寺每個人都脫不了關係。

「放心吧。」師父頭也不回的說道，然後消失在走廊的盡頭。

「少林棍法」

師父總是說：「有所付出，就會有所收穫。」以前釋然不太理解這句戶，現在釋然是真真切切的體會到了。透過這段時間的跑步練習，釋然已經能夠做到在不綁著布袋的情況下，在一炷香的時間內趕回廣緣寺，而且還覺得很輕鬆。因此，漸漸的跑步這件事情已經激不起大家的挑戰欲望了。

師父和師叔將這一切看在眼裡，悄悄耳語了幾句後，大家就接到了這樣一個通知：明天起不用在跑步了，開始學習少林功夫。

這個消息讓早就已經對武術有些嚮往的釋果和釋行高興不已。釋然雖然對武術沒有多大熱情，但是可以讓生活有些改變，釋然還是很樂意接受的。想起小時候，釋行經常拿著兩根從地上撿起的木棍，纏著釋然跟他一起玩「官兵捉強盜」，兩個人每人拿著一根木棍當作「劍」，然後你追我趕的進行「追殺」，每次釋行玩得不亦樂乎，而釋然累得氣喘吁吁。

少林功夫由廣緣寺內的唯一「武功高手」——戒緣師叔教大家，據說原本是戒

嚴師叔教大家的，但是戒緣師叔卻主動請纓來完成這項任務。釋然一早就想見識下戒緣師叔的功夫，只是苦於一直沒有機會，這次終於可以如願以償了。

真正開始學以後，釋然才發現，這少林功夫學起來比跑步還枯燥，至少跑步時還能順便欣賞一下周圍的環境，但是學習功夫卻要很久站在一個地方一動不動。連續紮了一星期的馬步後，每個人都有點煩了，但是又不敢直言。這時釋行這個機靈鬼提出了一個建議，就是讓戒緣師叔教給大家使用兵器，比如：劍。

可能是被釋行那一副「好學」的樣子打動了，戒緣師叔居然同意了，但是礙於兵器不好找，並且使用劍容易傷到大家，戒緣師叔最後決定教大家學習棍法。於是每天早晨的廣緣寺都會出現這樣一副情景：四個小和尚每人拿著一根木棍，在天寒地凍中「嘿嘿哈哈」的揮舞棍棒。

在戒緣師叔的耐心教導下，釋然等人的棍法有點像那麼回事了，有時候釋然恍惚間會覺得自己也是一名武林高手。釋行恐怕也是這樣想，不然他不會公然向大家提出挑戰。當個子最矮的釋行站在院子裡，向每個人提出挑戰時，大家經過短暫的驚訝後，隨即「哈哈」大笑，並都爽快的答應了下來。

釋行挑戰的第一個人就是釋然，兩個人很認真的比劃了一陣子後，釋然發現自己竟然跟釋行「勢均力敵」，這讓作為師兄的自己有些丟人。然而就在自己走思的這麼一瞬間，釋行占了上風。釋然輸了。

「以小勝大」的勝利，讓釋行得意洋洋起來，竟然直接跳過釋恩和釋果師兄，將目標鎖定為戒緣師叔。「釋行，你確定要向我下戰書嗎？」戒緣師叔似笑非笑的問釋行。

釋行摸著腦袋，思考了一會後，改變了主意，他將目標換成了戒嚴師叔。原本抱著看熱煩悶態的戒嚴師叔，沒想到自己居然會被最小的徒弟挑釁，所以想都不想就接下了釋行的挑戰。

釋行原本以為自己從未見過戒嚴師叔練功夫，所以肯定不是自己的對手，結果幾招過後，釋行就發現戒嚴師叔是「深藏不露」，自己被打得節節敗退，眼看釋行就要輸了，他忽然轉身跑遠了。戒嚴師叔哪裡肯輕易就放過他，於是連忙跟在釋行後面追起來。

釋行雖然個子小，但是卻身體靈活，一會躲一會鑽，戒嚴師叔竟然無法成功逮到他。跑了一會，戒嚴師叔有些累了，就在喘氣的工夫，釋行看準了機會，趁戒嚴師叔不備，給了戒嚴師叔一棍。然後再次跑遠，戒嚴師叔再次追擊，結果又在自己追

累時，被釋行偷襲。

就這樣，原本的棍法比拼，變成了「貓捉老鼠」的大戰，逗得每個人都笑得坐在地上直不起腰來。最後，以戒嚴師叔跑不動宣告這場比賽結束。釋行興奮的舉著棍子在院子裡跑了一大圈。戒嚴師叔看在眼裡，無奈的搖了搖頭。這時，師父出現了，拍著師叔的肩膀說：「師弟，服輸吧，老了就是老了呀。」只是，釋然覺得戒嚴師叔似乎不願意接受這個事實，因為戒嚴師叔的眼睛中明明寫著「不甘」二字。

第一次做商人

「人生價值」這個詞語，在此之前釋然從來沒有考慮過。從他被師父領進寺院那天起，他的人生就是參禪、打坐，至於價值，釋然似乎從來沒有考慮過。直到那天，釋然聽到一個香客與師父談論起「價值」問題，釋然才開始忍不住反觀自己，思考起自己的人生價值來。

釋然記得那人說：「人生就要為實現自己的人生價值去奮鬥。」那自己每天努力做好參禪、誦經、泡茶待客等事情後，又能實現什麼價值呢？一時間，釋然陷入了迷茫之中。就這樣過了幾日，釋然幾乎被這個問題折磨得夜不能寐，最終決定從師父那裡找尋問題的答案。

「師父，您能告訴我做僧人的人生價值在哪裡嗎？」釋然一臉期待的問師父。聽到釋然這個問題後，師父笑著摸摸鬍鬚，對著一旁的戒嚴師叔說：「釋然長大了，開始思考大人的問題了。」戒嚴師叔也隨聲附和著點點頭，然後對釋然說：「釋然，既然你意識不到做僧人的人生價值，那你就去試試做商人吧！」說完，戒嚴師叔從柴房

中找到了一根七扭八歪的樹根，扔給了釋然。然後不管釋然驚愕的神情，說道：「釋然，你拿著這塊木頭到鎮上的菜市場上估估價格吧，了解一下行情，先不要賣掉。」

賣木頭能夠找到自己的人生價值嗎？釋然忍不住想，但是為了找到自己想要的答案，釋然還是聽話的背起木頭，向鎮上走去。

小鎮上的很多人都認識釋然，看著釋然背著一根木頭站在菜市場的門口，都忍不住上前詢問，當得知釋然是來賣木頭後，都搖搖頭離開了。理由很簡單，一根既不直又沒有任何美感的木頭在大家眼裡不值一文。釋然在菜市場門口站了一上午，凍得小臉通紅，雙腳在單薄的僧鞋中已經感覺不到任何溫度。終於，一直站在釋然身邊的小販動了惻隱之心，表示願意給釋然五元買走這塊木頭，目的是回去燒火用。

終於有人出價錢了，釋然連忙把木頭帶回了廣緣寺，將這個消息告訴了戒嚴師叔，甚至走在路上時，釋然還算了一下，如果把柴房裡的木頭都賣掉，可以賺多少錢。然而，戒嚴師叔並沒有因為釋然成功將木頭兜售出去而表揚他，而是讓他拿著這塊木頭再到鎮上的古玩市場轉一圈，同樣是詢問下價錢，不能真的賣掉。

釋然不知道戒嚴師叔葫蘆裡賣的什麼藥，這樣一個破木頭，有人願意出五元就不錯了。但是釋然還是按照戒嚴師叔的指示去做了。結果去出乎釋然的預料，在菜市場站了一上午都無人問津的木頭，一到了古玩市場竟然成了搶手貨，前後有不少人出價錢，甚至有人願意出一千塊錢買走釋然的木頭，釋然很是不解，追問半天後，那人才神神祕的告訴釋然，這根木頭回去打磨一下，能夠成為上等成色的佛珠，很多有錢人都喜歡收藏，所以才出價如此之高。聽到對方的話，釋然連忙握緊了手中的木頭，生怕被人搶走了。

回到寺院中，釋然把自己在古玩市場的經歷講給了戒嚴師叔聽，並不解的問：「為什麼「同樣一根木頭，有的人認為它毫無用途，用它來燒火，有的人卻認為它價值不菲，用它打磨佛珠呢？」戒嚴師叔聽了後，哈哈大笑，問釋然道：「那你看看你手中的木頭，它可有變化？」

釋然低下頭看看手中的木頭，並確認自己一直拿著它，沒有被人偷偷換掉後，回答說：「沒有。」

「木頭本身並沒有變化，變化的是人的眼光。你用什麼樣的眼光去看待它，它就具有什麼樣的價值。你用賣菜小販的眼光去看待它，它就是一塊燒火的木頭，你用古玩商人的眼光去看待它，它就是一串昂貴的佛珠，你的眼光不同，看到的價值也不同啊。」戒嚴師叔收起了笑容，一本正經的對釋然說道。

聽了戒嚴師叔的話，釋然彷彿想明白了，自己追問師父「僧人的人生價值」，其實不在於師父的答案是什麼，或者說這個問題根本沒有答案，真正的答案在自己眼裡，自己用什麼樣的眼光看待自己，自己的人生價值就在哪裡。

晚上躺在床上，釋然終於睡了一個安穩覺，雖然自己一天當中來來回回走了不少路，但是釋然覺得自己這一次做「商人」做得十分有價值。

五碗粥

今天是臘八節，老百姓們在這一天都會煮上一碗臘八粥。這臘八粥是用黃米、白米、江米、小米、菱角米、栗子、紅豇豆、去皮棗泥等食物熬製而成，用以慶祝這一年的豐收。雖然僧人們並不以種地為生，所以豐收並無太大關係，但是在這一天也不閒著。

雖然已是寒冬臘月，廣緣寺裡的僧人們還是早早就坐在佛堂裡開始上早課了。上完早課他們有一項重要的事，那就是煮粥。煮粥的材料是戒嚴師叔提前幾天就已經備好的，與普通百姓家中的並不盡相同，戒嚴師叔用的食材是白米、小米、紅豆、芸豆、栗子、紅棗、花生還有葡萄乾做成的，有幾樣還是釋然下山化緣時，化來的食物。看著食材一樣一樣被放在鍋裡，釋行在旁邊高興的手舞足蹈，彷彿下一秒熱騰騰的臘八粥就能吃到嘴裡了。釋然依稀記得去年時候喝臘八粥的情形，因為來的香客眾多，最後已經沒剩多少粥供大家食用了，分到大家手裡時，就只剩一小碗了，釋行率先將自己的粥喝完，最後望著釋然的那碗流口水，最後釋然只好把自己

那多半碗也讓給了釋行。

想到了這裡，釋然忍不住笑了起來，自己這個小師弟，不知道今年是不是還是一樣的貪吃。天色已經大亮時，粥煮好了，師父從鍋裡小心翼翼的盛出一碗，然後恭恭敬敬的端進了佛堂中，放在了菩薩的面前。大家集體拜過菩薩後，就開始接待香客了。

今年誰會第一個來呢？釋然在心裡忍不住猜測到。然而來者卻是一個釋然怎麼也想不到的人。那就是之前被陳大妹子送上山來的頑劣少年。看少年的樣子，顯然已經來了一會了，因為長時間站在外面，他的鼻頭被凍得通紅，不住的吸著鼻涕。

「咦，怎麼就你一個人來了？你的母親呢？」釋然看了看少年的身後，不解的問道。

「我……她在家裡。」少年面對釋然的提問，支支吾吾的回答著。

既然來了，就沒有拒之門外的道理，於是釋然連忙將少年迎進了廣緣寺內。少年恭敬的在菩薩前拜了三拜後，接過了釋恩師兄端來的一碗臘八粥，幾乎是一飲而盡，喝完粥後，少年還用舌頭舔了舔碗，那樣子就像是去年的釋行，讓釋然忍不住想發笑。

但是在還碗的時候，少年卻猶豫了，似乎不捨得將手中的碗還給大師兄，大師兄本就對這個少年沒有什麼好印象，現在他又拿著碗不肯還，大師兄自然不太高興，正準備伸手將碗奪過來之際。師父開口了：「釋恩，再去盛一碗來。」

「師父……」大師本想說，按照規矩每位香客只有一碗粥。但是師父卻打斷了他的話。

「去！」語氣不容置疑。

釋恩師兄只好悻悻的拿著碗向齋堂走去。過了一會，一碗熱氣騰騰的粥就端進來了。少年再一次囫圇吞下，那樣子彷彿很久沒有吃過飯一樣。

「釋恩，再去盛一碗來。」師父再次吩咐道。

大師兄一聽，表情有些著急，那些粥不但要給來往的香客喝，還有寺裡的僧人們，少年一人就喝了三碗，其餘的人不夠了怎麼辦？但是大師兄也知道師父的命令不得違背，只好再次去齋堂盛了一碗過來。就這樣，少年一下子喝了五碗粥，總算打著飽嗝滿足了。

就在大家以為少年總算該離開了時，少年卻一下子跪在師父面前，請求師父收他為徒。上一次是他母親跪著求師父收留他，他卻極不情願，沒想到這一次卻自己跑

上山來要求出家。難道是他想通了嗎？說不定是自己那番話令他有了悔改之心呢，釋然有些驕傲的想。

「小施主，上一次你的母親求貧僧收留你，你極不情願，這一次為何主動要貧僧收你為徒呢？」師父問出了所有的內心的疑問。

「因為……因為我與母親吵架了，她太不理解我了。所以我才離家出走，我在面流浪了兩天，因為沒有錢，所有沒吃一點東西。後來我想到了這裡，我覺得你們應該會收留我。」說到這裡，少年看了看釋然，然後接著說：「所以我就上山來了，你們不但不計前嫌，還讓我吃飽了飯，我很感激，因此想求師父收我為徒。」

「哦，是因為五碗粥呀。」師父撚著鬍鬚說道。「那我且問你，你長這麼大，你的母親給了你幾碗粥？」師父問道。

「這……」少年一時不知道該如何回答了，「我也數不清。」

「你母親將你撫養這麼大，從十月懷胎就開始餵養你，而你卻因為一次爭吵就離開她。而我才給了五碗粥，你就為此跪下謝我。你可曾跪下謝過你的母親呢？」師父的聲音開始嚴肅起來。

「我……」少年低下了頭，眼角裡的淚水一滴一滴的掉在地上。過了一會，少年抬起頭，用衣袖抹了抹臉，說：「謝謝您，師父。」然後轉過身，對釋然說：「謝謝你。」

這一次，釋然知道，這句「謝謝你」一定是對自己說的。

釋行換名字

少年當天就離開了廣緣寺，因為他足足喝了五碗粥，最後廣緣寺的僧人每人只分到了一小口，看著大家意猶未盡的樣子，戒嚴師叔拿著飯勺對大家說：「明年一定再多煮一點。」這句話多少讓勞累了一天，但是卻沒吃多少東西的僧人們心裡有點安慰。

一晃又很多天過去了，眼看著就到年底了。想到馬上就要過春節了，釋然就有些莫名的期待，今年會有什麼不同呢？只是釋然不敢將這種情緒表現出來，生怕被師父看出端倪。但是釋行就不管那麼多了，幾乎每天早上睜開眼睛第一件事情，就是盤算著今年的春節怎麼過，幾乎每天都會問戒嚴師叔一遍：「師叔，過年我們吃什麼餡的餃子？」

開始時，戒嚴師叔還會很耐心的回答釋行說：「白菜陷的。」有時候也會回答說：「蘿蔔陷的。」但是次數多了，戒嚴師叔也不耐煩了，指著釋行的小鼻子說：「我看你呀，別叫『釋行』了，叫『嗜吃』好了。」

「釋吃？」釋行揚著頭，翻著眼睛，想了一下說：「換個名字也不錯。我一直都覺得『釋行』這個法號跟我不符。」

此言一出，逗樂了在座的所有人，可是釋行對這個名字的喜愛並沒有維持幾天，原因在於釋果師兄曾取笑他，說這個名字一聽就是一隻小饞貓，釋行雖然承認自己是個小饞貓，但是他可不想背負著這個名字一輩子。於是釋行又動了改名字的心思，只是他冥思苦想了兩天，也沒有想出一個適合自己的名字。

釋行最先求教的人是師父，但是「釋行」這個名字就是師父取的，釋行如今要換，就說明不喜歡師父給他取的名字。因此讓師父幫自己換個名字的計畫失敗了。接下來釋行找了戒緣師叔、釋恩師兄、釋果師兄，然而每個人不是拿這件事與釋行打趣，就是取的名字不合釋行的心意。

最後，釋行問到了釋然頭上。「釋行，我覺得你應該多問問其他的人名字，然後從其他人的名字中找給自己取名字的靈感。」釋然想了許久也不知道給釋行改個什麼名字好，於是建議釋行道。

「這倒是個好主意，那麼多人，總能幫我想到一個好名字。」釋行高興的稱。他問的第一個人就是劉大娘，劉大娘名叫「劉念」，可是她現在孑身一人，根本沒有什

麼好留念的。

釋行問的第二個人，是一個帶著眼鏡的，臉上長滿了癩瘡的人，那個人名叫「英俊」，「名叫『英俊』，人長得可真不怎麼英俊。」待那人走後，釋行無奈的感歎道。

第三那個人是來廣緣寺求財的人，此人現在窮困潦倒，負債累累，可是他的名字卻叫「滿財」。「叫滿財，卻是個窮光蛋，還不如叫『王二』呢！」釋行對透過大家名字找尋給自己換名字的靈感這件事情，越來越沒有信心了。

而徹底讓他放棄此想法的，是那個叫「博士」的人，那人名叫「博士」，但是卻大字不識一個。「你名叫『博士』，怎麼會一個字也不認識呢？」釋行忍不住好奇的問。

「叫『博士』就一定的認字嗎？我小名叫『狗子』，難不成我還要變成一隻狗嗎？」那人說完，哈哈大笑起來，笑得釋行的小臉一陣紅一陣白。

「師父，我還是用原來的名字吧。」在思考了良久後，釋行主動對師父說道。

「怎麼，沒有找到更適合你的名字嗎？」師父閉著眼睛問道。

「不是沒有找到，而是徒兒不想再找了。因為徒兒發現，名字只不過是一個代號而已，代表不了什麼。所以徒兒認為叫『釋行』就很好。」釋行像個大人般將這段話說出，再一次讓在座的人驚訝的張大了嘴巴。

「哈哈……我的小徒兒也開始開悟了。」師父睜開假寐的雙眼，又繼續對釋行說道：「去吧，為師的屋子裡還給你留著餅乾，這些日子你總想著換名字的事情，那些餅乾可是等你很久了呢！」

尋人啟事

戒嚴師叔每次下山採購回來，都會將在山下看到的新鮮事講給大家，這一次也不例外。一回來大傢伙就將戒嚴師叔團團圍住，一來是看看戒嚴師叔採購了哪些吃食回來，二來看看又有什麼有趣的故事。

戒嚴師叔看到釋行後，笑嘻嘻的將釋行拉到身邊，仔細的端詳了一番說：「像，真像！不過釋行還要胖一些。」

一心想著師叔買了什麼好吃的釋行，被師叔的舉動弄的莫名其妙：「師叔，你說我像什麼呀？」釋行問。

「我今天去買菜的時候，在小鎮上看到了一張尋人啟事，那上面的人啊，長得跟釋行小時候太像了。如果不是我知道釋行的來歷，還真以為釋行就是尋人啟事上找的那個孩子呢！」戒嚴師叔解釋道。

「啊！」戒嚴師叔的話令大家吃了一驚，他們吃驚於世界上竟然有如此相像的人，也吃驚於小鎮上居然會出現人口失蹤這樣的事情。接下來的幾天裡，釋行都被這個「尋人啟事」事件攪得心神不寧，想找機會下山親自看一看。然而，不等釋行親自去看，就有人主動找上門來了。

來者是一個看起來三四十歲的男子，頭髮蓬亂，鬍子凌亂，一副風塵僕僕的樣子。見到廣緣寺的僧人後，先是環視了一圈，然後將目光鎖定在釋然和釋行的身上，來回打量了一會後，便一個箭步衝到釋行面前，緊緊抱住他不撒手，嘴裡念著：「兒子兒子，爸爸可算找到你了。」

男子的舉動將釋行嚇壞了，釋行雖然從小在廣緣寺長大，但是他知道自己是有父母的，而且距離廣緣寺並不遙遠，父母也知道自己在廣緣寺修行，所以眼前的這個男子肯定不會是自己的父親。釋行努力想要掙扎這個男子的懷抱，卻不料男子抱的更緊。

釋然見釋行馬上要急哭了，連忙走過來對男子說：「這位施主，先將我的師弟放開可好，有什麼話我們慢慢說。」

男子似乎也意識到了自己的行為太過唐突，於是放開了釋行，但是眼睛卻依舊停留在釋行身上，說：「孩子，你叫什麼名字？你還記得我嗎？」

「我……我叫釋行。我……不認識你。」釋行結結巴巴的說道。

「你失蹤的那年才三歲，不記得我也是正常。」男子說著，眼睛裡流露出一絲失望。

「施主，我不明白你在說什麼，我從來沒有失蹤過呀？」釋行眨巴著眼睛說。

男子見釋行不相信自己的說的話，連忙從包裡取出紙，紙上赫然印著「尋人啟事」幾個大字，大字下面印著一張小孩的照片，從眉眼看來，還和釋行有幾分相似。看來這就是戒嚴師叔看到的那張尋人啟事了。

釋行拿過尋人啟事看了又看，他一會覺得很像自己，一會又覺得不像自己，總之他也不知道自己是不是尋人啟事中的人。就在釋行開始懷疑自己的身世時，師父打著佛號出現了。

「施主，釋行是貧僧的小徒弟，貧僧看著他出生，所以可以斷定不是你要尋找的人。」師父對男子說道。

聽了師父的話，男子身子一震，「不可能！」男子大叫道，他再一次拉過釋行，扒開了釋行僧衣的後領子，在釋行的肩膀處尋找著什麼。最後，男子原本看著釋行那雙充滿了希望的眼睛，頓時暗淡下來。

「真的不是。」男子喃喃自語道，「我已經找了十五年了，原本以為這是最後一次了。」

十五年？是一個什麼概念？十五年前的釋然還是不諳世事的孩子。十五年前的釋行才剛剛出生，所以從年齡上看，釋行也不會是這個男子失蹤的孩子。再一次期望落空後，男子一屁股坐在地上，嘴巴張著，眼淚就那樣無聲無息的落了下來。這樣的情形，他已經經歷過無數遍了吧，每一次都是滿含希望而去，承載著無法接受的失望而歸。就在釋然思量著要不要走上前去安慰一下時，男子面向師父，問道：「為什麼是我？為什麼我的孩子會失蹤？」他的聲音有些歇斯底里，釋然相信這個問題他一定想了無數遍，也曾問過無數遍，只是誰也給不了他答案。

「施主，當你的孩子降臨時，是你們只見的緣聚；當你的孩子離開時，是緣散。他離開了，不尋找他，是緣起；如果你不找他，就是緣滅；如果找到了，是緣起；找不到，則是緣盡。人的一生見過的人，經歷過的事情，都是各有其緣。貧僧相信，多行善業聚緣，則他日自會相見。」師父說完，又念了一句「阿彌陀佛。」

「師兄，師父的意思是那個男孩兒還會與自己的父母相見嗎？」釋行流著眼淚問道。

這個問題釋然也不知道，男子的遭遇，讓釋然的心裡就像被什麼堵住了一樣，壓

得他透不過氣來。不知道自己的父母在哪裡，當初自己又是怎麼與他們分離的，他們是不是也在世界的某一個角落，這樣尋找著自己。他真心希望這個男子能夠找到他的孩子，就好像如果他們團聚了，自己有朝一日也能夠見到父母一樣。

過客

男子尋親的事情，接連幾天都讓廣緣寺籠罩在一片悲傷的氣氛下，釋然時不時的回想起這個男子，猜測他有沒有找到自己孩子。甚至想，如果那是自己父親，千山萬水的來找自己，自己會怎麼做呢？是會選擇繼續留在廣緣寺？還是選擇換一種生活，跟著自己的親人離開呢？

當冒出這個念頭時，釋然被自己嚇了一跳。如果說之前的自己還沒有想過這個問題，那麼現在他開始認真考慮起這個問題來了。這將近一年多的時間裡，戒緣師叔的到來，還有尋子的男子，以及廣緣寺的那些來客，都讓釋然真真切切的感受到了，在廣緣寺以外，還有更加廣闊的天地，要說不想去看看，那是不可能的。師父年輕的時候，也曾經遊歷四方，然後在這裡建立了自己的寺院，自己為什麼不能出去走走呢？在寺院裡每日吃齋念佛是一種修行，那麼走在路上同樣也是修行啊。

可是，真的要離開自己從小長大的廣緣寺，離開與自己朝夕相處的師兄弟，釋然又開始猶豫了。是走是留？就在釋然左右搖擺之際，戒緣師叔告訴大家，這個年

電子書購買

國家圖書館出版品預行編目資料

不糾禪：想快樂，必須先學會不執著 要幸福，必須先懂得放開手 / 杜昱青著 . -- 第一版 . -- 臺北市：崧燁文化事業有限公司 , 2021.11

面； 公分

POD 版

ISBN 978-986-516-918-3(平裝)

1. 禪宗 2. 佛教修持 3. 人生哲學

226.65　　110018280

不糾禪：想快樂，必須先學會不執著　要幸福，必須先懂得放開手

臉書

作　　者：杜昱青

發 行 人：黃振庭

出 版 者：崧燁文化事業有限公司

發 行 者：崧燁文化事業有限公司

E-mail：sonbookservice@gmail.com

粉 絲 頁：https://www.facebook.com/sonbookss/

網　　址：https://sonbook.net/

地　　址：台北市中正區重慶南路一段六十一號八樓 815 室

Rm. 815, 8F., No.61, Sec. 1, Chongqing S. Rd., Zhongzheng Dist., Taipei City 100, Taiwan (R.O.C)

電　　話：(02)2370-3310　　　傳　　真：(02) 2388-1990

印　　刷：京峯彩色印刷有限公司（京峰數位）

定　　價：350 元

發行日期：2021 年 11 月第一版

◎本書以 POD 印製